十二版纳志

Shier Bannazhi

李拂一　著

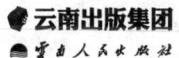
云南出版集团

云南人民出版社

图书在版编目（CIP）数据

十二版纳志 / 李拂一著. —— 昆明：云南人民出版
社，2020.9
（旧版书系）
ISBN 978-7-222-18318-6

Ⅰ.①十… Ⅱ.①李… Ⅲ.①西双版纳 - 地方志
Ⅳ.①K297.42

中国版本图书馆CIP数据核字（2019）第013324号

出品人：李　维　赵石定
责任编辑：朱　颖
装帧设计：燕鹏臣
责任校对：韩　旭
责任印制：李寒东

书　名	十二版纳志
作　者	李拂一 著
出　版	云南出版集团　云南人民出版社
发　行	云南人民出版社
社　址	昆明市环城西路609号
邮　编	650034
网　址	www.ynpph.com.cn
E-mail	ynrms@sina.com
开　本	787mm×1092mm　1/32
印　张	7.875
字　数	110千
版　次	2020年9月第1版第1次印刷
印　刷	云南出版印刷集团有限责任公司 云南新华印刷一厂
书　号	ISBN　978-7-222-18318-6
定　价	38.00元

如需购买图书、反馈意见，请与我社联系
总编室：0871-64109126　发行部：0871-64108507
审校部：0871-64164626　印制部：0871-64191534

云南人民出版社微信公众号

编者的话

　　历史上，由于某种特定条件，有些近似巧合的人或事，会极其相似地出现，然而，历史绝不重演。过去的就过去了，永远地过去了。《论语·子罕》曾说："子在川上曰：'逝者如斯夫，不舍昼夜！'"

　　这"不舍昼夜"之所"逝"，在今日，由于现代交通之发达，完全可将前人几十日长途跋涉的路，缩短为几十分钟舒适的空航距离，寓于神话、童话所变幻现实的梦，也有现代科技使之成为真真切切的现实，恍惚这个世界越来越小，可以想象的空间已渐失去，不得不感叹这"不舍昼夜"之所"逝"，已无比地加快其"逝"速。

　　从目前历史分期断代的办法看，贴近我们"当代"最近的"现代"之末，也在二十世纪四十年代，距今也已七十多年。二十世纪三十年代初美国作家斯诺在"云之南"做他的"马帮旅行"时，说昆明"这个城市伸出一只脚在警惕地探索着现代，而另一只脚却牢牢地根植于自从忽必烈把它并入帝国版图以来就没有多少变化的环境"。此说，在封建了几千年的土地上，东西南北，闭塞滞后的地区，概莫能外。甚于此者，六七十年前的历史，有时也无异于几百年前的旧闻。即便在当代，二十世纪五十年代有些路不通，人罕至，封闭于深山老林、穷乡僻壤，还没进行社会改革的人家，其生存形态，对今日也是遥远的，从根本上讲也属于"没有多少变化"的旧事。它翻天覆地的新旧、隔世之变，有时也只是几年间的事，距今也已半个多世纪了。

尽管过去的一切，随流逝的时光流远了与今日的差距，但它毕竟还是今日的历史与文化之根。沧海横流，世事纷纭，男女老幼、强弱智愚、善恶忠奸、尊卑贵贱，在人生的舞台，同台亮相，都是好戏。以此为历史经纬的故事和人物，无论英雄豪杰、贪官暴君，还是顶天立地、有仁有义的人民，都有他们的正史、野史、传说、逸闻。就是他们的生存环境、民风民俗，也随着这一切而有它的沧桑巨变。今日要了解、研究它，无法不借助一些过去的资料。将这些为数有限的资料束之高阁，不予充分利用，乃至散失，是有负于国家和民族的。

于是，我们从现代、近代，云南的、西部的，到更广远之天地的有关文化、历史、民族等等的有识之士的札记、掌故、田野调查、逸文旧稿中，选出一批当时和今日依然有其影响与价值的专著和篇什，编辑为书系，以介绍给读者和关心、研究它的朋友们。由于"逝者如斯"，一些作品的认识、审美、资料价值，有的往往还会与日俱增，由此，更增加了我们介绍它们的责任感。

时代在巨变，正如许多学者所言，我们"每天都有珍贵的民间文化品种在消亡"。形势亮出了黄牌，他们呼吁"抢救"民间的文化财富，提出"需要深入当代民间进行'田野调查'"。这里入选作品的作者，不少正是当年的"田野调查"者，他们深入到所谓的"蛮荒之地"，在旅行、生活条件极差，乃至恶劣时，以其惊人的毅力，在天灾，也在人祸所遭遇的惊险中，写出他们耳闻目睹之种种，有的归纳、概括而抽象为更具理论色彩、更具文献价值的调查报告，有的则更侧重沿途实见实闻的纪实，夹叙夹议，所悟的学问常常深于一见一闻，遇险的惊恐又常与人生闯荡的乐趣同在，大多写得朴素、清新，和平冲淡中确有委婉的情致。他们，有的定居该地，已属当地居民，有的，调查的行程，一年半载的跋山涉水，想蜻蜓点水似的所谓"深入生活"，想追名逐利而做所谓的"研究"之浮躁，都不可能。他们，不乏过去的先贤名儒，名校名师下的研究人员，多有鲜明的民主意识，同情广大的劳苦大众，抨击不合理的社会秩序与社会结构，维护人道、人权，正视压迫、剥削、两极分化的现实。从人类学、社会学、民族学、民俗学，对东西方的一些不同之处和相同之处所引发的思考，为我们打开了眼界，打开了思路，于此回顾、前瞻的天地，更加宽阔。

这些不同时代的不同作者，在不同的社会、政治背景下所写的作品，若无他们的局限性，也就无须后来的社会进步。除了书中的白纸黑字，他们跋涉在穷山恶水的艰辛和为此追求的执着顽强，正是对这土地，对这土地上的人民之爱，虽然并不排斥有的也许出于好奇，想探险、冒险，但他们作为民族大家庭的一员，其大中国的兄弟之情，是无可怀疑的。可是限于当时政治结构之情和个人识见，将人民对反动统治的反抗写作"叛乱"，在正视人民的痛苦时，又仅从当地的风光与人情称他们所在之地为"乐土"，或对他们的风俗习惯，简单地以自己的好恶来看待，难免有些偏颇不当之处，但从整体来看，作者的爱心都是浓浓的，有些不周之处，或是漏洞、失误，都不难理解。照排之旧书，就该看到它是过去另一个时代，另一些作者，在不同的社会、政治背景下所写成的作品，就该看到它的局限性，更为新时代而自信。

世事变迁，"逝者如斯"，前人有的看法无法请他们统一，后人无权强求一统。有些说法，能理解，并非简单地认同。能作注的，加注；若难查证的，存疑。乍看，有些不明白处，顺读下去，就理清头绪了。

本书系的选编，除由繁体字改为现代简体字横排外，内容基本保留原貌，有的地方，另加编注说明，以便读者阅读参考。

为保留原作资料的真实性和风格，对个别带有民族歧视的描写和用语，未做大的删改，请阅读中予以鉴别。

书　前

石安达

二十世纪八十年代末，台湾开放老兵到大陆探亲。不久，一九八九年我的家乡云南澜沧发生大地震，台湾的亲戚积极投入家乡赈灾活动，台湾电影"金马奖"女主角的得主，我的五叔石炳铭的大女儿石安妮也带着凌峰先生《八千里路云和月》摄制组返乡赈灾，为台湾和云南的文化交流拉开序幕。

九十年代初，我的五叔石炳铭从台北来电告我，台北云南同乡会的李拂一先生，原是民国政府西双版纳佛海县的县长。近期想把他过去有关西双版纳傣族的著作带回大陆赠给云南省图书馆作为馆藏，不知能否接受。当时，我正在云南省图书馆工作，向上汇报了这一情况，领导表示欢迎。

昆明初见李拂一先生，他身材不高，长得清瘦，虽已九十多高龄，但精神很好，两眼明亮，谈吐清晰，记忆力强，是位和蔼的老者。勐海和澜沧很近，他和我们澜沧石家是世交，父辈们早就相识，两家常有往来。到台湾后，云南同乡成立了"台北云南同乡会"，两家在台湾的人也经常交往。这次李拂一先生重返故里，行前与我五叔商量来昆明找我商量赠书事宜。作为晚辈，虽然以前我没见过李先生，但见了很亲近，我尽其所能帮他完成赠书工作。也向他求教一些有关云南傣族历史文化研究的问题，把我到玉溪新平花腰傣田野调查研究的考察报告上篇油印本向他请教。李先生回台后，便把此一考察报告的上篇刊登于台北云南同乡会出版的年刊《云南文献》。随后他几次来信谈到的学术问题，让我受益匪浅。

云南的一些傣族学者对李先生非常尊重，恳切求教，敬为云南"傣学"鼻祖。当时两岸关系虽已解冻，仍有一些禁忌，加以年事已高，以后他就再没回过云南了。

二〇〇一年我到台北探亲，五叔带我前去拜访了李先生，已是百岁老人的他，除行走有点迟缓外，仍然那样精神，国事家事，侃侃而谈，毫不见外。

二十世纪五十年代，他从滇缅到那时又穷又落后的台湾时，吃公家配给的米，菜只有红薯叶。住在农村一间大统间内，一家人在地上铺通铺，用报纸做隔墙，砂石刮来都可以冲破几层。六十年代经济起飞，经过一二十年的努力，情况发生很大变化。他为大陆的改革开放找到了正确发展的方向感到欣慰。

我回大陆后，曾去函邀请他参加在滇西举办的"国际傣泰学研讨会"，他已行动不便，委托了我五叔把他所著的《十二版纳志》唯一仅存的孤本交给我，作为参加学术讨论的论文。并交代：如方便，可请大陆的出版社再版。

此书一九五五年八月在台湾的正中书局出版。由于那时台湾经济滞后，用的纸质不好，排的五号小字，版面设计和图片印刷较差，但学术价值很高。由于当时两岸的对峙，大陆不可能发行、读到。二十一世纪初，商量再版一事，遇到了一些具体问题和困难，无法解决，只好搁下。

一晃，过去了七八年。日前，汇集民国时期介绍云南和认识云南，思想和艺术具有很高价值的《旧版书系》引人注目，也得到海外同胞的关注，去年新中国成立六十年，香港特区的电台，还介绍推荐了当中的书。此次，《旧版书系》计划将李拂一先生的《十二版纳志》纳入书丛，了却先生一愿，自然是一大好事。

李先生的《十二版纳志》，是他二十世纪四十年代任西双版纳佛海县（现勐海县）县长一职时，对西双版纳傣族和其他民族的历史文化、风土人情、地理环境、社会组织所作调查研究的大著。它对傣学研究之学术开拓价值，无人取代。对我们认识云南边疆的历史变迁沿革，特别是疆域及国界等问题，先生自述："十二版纳之旧有领域，原较现境为大，根据其典籍之记载：东至老挝（寮国），南至景海（今泰国昌莱府），西至南孔（即萨尔温江，包括今缅属整个景栋土邦在内）。"此书还具体说明一八九三年前西双版纳与暹罗（今泰国）南掌土邦接壤，后又被法属越南、老挝隔离，以及一八九〇年勐艮（今缅甸景栋）土司划归英属缅甸之过程，都有非常详尽的叙述。

当年，国势衰败，云南边境被英、法殖民者吞食强占，读后无不义愤填膺，对官场的腐败深恶痛绝。先生的爱国情怀跃然纸上，令人十分敬佩。他对西双版纳傣族社会问题的科学认识："十二版纳最大之特点，为其土地村公有制，虽不尽同于周制，要亦井田之一类……十二版纳迄今尤行之土地村公有制度，正足左证井田古制之并非伪托，而值得吾人加以研究及参考也。"这一科学见解，在二十世纪八十年代后，为云南著名的白族学者马曜先生（共产党员）所认同，马先生进一步写出了有关西双版纳份地制的学术专著。李先生在另一研究西双版纳傣族历史文化的专集《南荒内外》，及一九三八年所写的《南诏非泰族所建》，为他泰国考察发现大泰国主义甚嚣尘上，非常尖锐地批评了"大泰帝国"的错误。二十世纪九十年代，以他从各方史实推定，南诏应属于乌蛮罗罗系部族（彝族）所建的观点，为大陆云南东南亚研究所所长陈吕范先生（共产党员）所认同。陈教授组织发表了一系列泰族的起源与南诏国研究的论文，但陈吕范先生没有直接读到李先生的原著，没有把他列入最先对"南诏是泰族国家说"的我国著名学者凌纯声、方国瑜、许云樵之列。这一遗漏，当能补救，将李拂一列入其中。

以李先生当时所任国民党政府之职，其立场、政见和当时对峙的共产党不会相同，但这并不妨碍在学术上形成共识。

　　为此，大陆新版的《十二版纳志》，除极个别处做了编辑处理，基本原著照排。仅以此作为献给李拂一先生一百一十岁的生日礼物。

二〇一〇年"五一"

编者附记

这本《十二版纳志》，按它一九五五年初版于台北正中书店倒推五十六年计，今日一百一十岁的作者李拂一先生，当日正当壮年。那时，局促岛上的蒋家政府，从四万万五千万人口的大陆退到一千多万人的岛上，已没有多少职位可分配随他渡海而去的官员。包括高层的军政要职，僧多粥少，权力的再分配，也"分配"出不少失意者。若无条件到国外做寓公，只能在岛上赋闲，或沦为平民境地。从这本为李拂一先生封面题书的前清举人、国民党同盟会元老、曾与中国共产党共同创办"上海大学"的校长、中华当代书法大师、一九四九年被国民党特务挟持到台湾的于右任（一八七九～一九六四）先生来看，李拂一在台湾的人脉，是不错的。

可是，那时，他"吃公家配给的米，菜只有红薯叶，住在农村一间大统间内，一家人在地上铺通铺，用报纸做的隔墙，砂石刮来都可以冲破几层"的生存状况下，竟能潜心著书，保持书生本色，这在旧日官场，实在难得。

我们除了从李拂一先生大陆版权的代理人石安达先生那里，得到一份已成孤本的一九五五年"正中"版的复印件，对作者知之甚少。从《旧版书系》已出版的姚荷生的《水摆夷风土记》所述及一九三八年冬他随省府"调查思（茅）普（洱）边地"到车里时，已经读到李拂一的《车里》了。李先生也是当地称其"边地英雄"的柯树勋（一八六二～一九四四）之爱婿。

早在清末宣统年间，也就是一九〇六至一九一〇年的四五年间，猛遮土司武装叛乱，进攻佛海，大杀汉人。宣慰使刀宗良下令制止，猛遮土司非但不听，并扬言要打车里，这时驻防河口的统领柯树勋受命增援，连战连捷，并俘获猛遮土司，把他杀了，乱事才得平定。这位广西汉子柯树勋，他带的也多是广西兵，到这地肥水美的版纳，恋恋不舍，驻防不去，并拟下开发车里的规划，大受上司赏识。辛亥革命后，在车里设行政总局，柯氏为总办。他经营滇边所建的，后改为县府的"行政总局"，据姚荷生描述"宏大深邃的县政府，占地数十亩，围墙的四角部有碉楼，简直是一座小的城堡。里面有庄严的大堂，广大的庭院，崇楼杰阁，回廊深房"，颇为壮观。

柯氏治理车里十九年，发展经济，引进内地的货币流通，消除汉夷隔阂，输入移民，土司也不敢作乱，较过去，百姓享受到多年和平的养息，敬他若神。他也尽享荣华，终老于此。

此时，坚持在车里的李拂一先生之所为，实为不易。抗战前，二十世纪三十年代他在车里的那派景象，早是公众人物。有关其人状况——

　　除从旁涉及他之事的文字略知一二，鲜有介绍。从抗战时"西南联大"师生记述到十二版纳实地考察之篇章所见，既有说他在当地执教者，也有说他为佛海首屈一指的茶商。其时，当局亦有"开发边疆"之号召，不论出于青年报国热忱，或为生计，在此教书皆有可能，何况他后来亦出面办学。一旦车里设行政总局，柯树勋为总办。将长女柯祥凤许配于他，成其乘龙快婿，后又入主县署，施展的天地更广，才得以尽情发挥，翁婿联手，不仅经营茶山，为大茶商，尚有资料提及他办学校，办农场，建医院，实施妇女职业教育，开拓失业之南洋华侨到当地开发等一系列措施，其时其地，可谓极富先进之治边思维与实践……

　　他的岳父晚年也是饮酒吟诗，温暖妻妾，请人记录整理他对思、普历史文化之所思。到了李先生这一代，更是笔耕不辍。不论官前，或是卸职后，书的内容都少不了作者为官时所了解的社情和掌握的资料，哪怕是卸职后，还能有心情著书立说，而书中无有一笔张扬自身，涉及他在此主政之事，一点也不像现在某些成了官员家谱的《县志》，它保持了文史资料、学术著作的严肃性，保持了作者的学术人格，才使它今日有重版的价值。读者分享到这笔十二版纳的文化遗产，作者将他从版纳的精神所得又回馈版纳，也该是对李拂一先生最大的安慰。

　　这本《十二版纳志》是作者对他二十世纪三十年

代写的那本简介十二版纳史地民物之小册子《车里》，交由商务印书馆刊行，出版之后，不克自满，尝函告书馆：俟再版，当有所增订。同时又计划将该书的每一章，尽可能扩充为一本或若干本专著，然后再纂辑为《十二版纳全志》。随本斯旨，从事收集、调查、记录等工作。考察范围，并远及外域若干国度。先后若干年，积稿约三百万言，所摄民物照片及绘就边疆特产植物图稿等，凡数百帧。有已整理成书者，有将近成书者，连同尚未经整理之若干原始稿件及图片等，一概保存佛海家中，原拟另觅一时机，再分别整理。不料三十八年春，整个思普边区，竟先昆明而变色。此处"三十八年"指"民国"，乃一九四九年，"变色"即谓解放，当时活跃于思普边区的红色游击队"边纵"，已控制了该地区的形势，正是云南全省解放的前奏。今日，国共两党、海峡两岸的和平、合作，正是历史发展到今日的现实；然而，历史是不可以假设的，昨日内战的历史，也无法抹去。事后，在两党、两岸和解时，回首往事，分属对峙的不同营垒者，各为其主，也很正常。当年先生"所存图稿标本及参考书等，皆不及运出国"而毁于战火。这不仅是李先生个人，也是对傣文化研究无法弥补的损失。但任何历史时期的转折，无须成本，无须代价的，是没有的。李先生正统于他所服务的"国民政府"，云南和平解放后，追随他家属从版纳出境缅甸到台湾，今日该好理解。但他往台湾，将退出大陆时"因携行箧""得以幸存"的

"零星稿件"，又能继续他心愿未了之事，专心学术。

老蒋时代，传媒对大陆，开口闭口都少不了以"匪"相诅骂，而李先生那时行文的文字，都中性地以"共党""共军"相称。他个人虽有忠其党之心，也盼有他"重建"版纳之日，但下笔之所言"边裔部族，各有其优良之文化传统，不尽如想象中之榛狉不治。果能因势利导，福利提掖，自不难达到共存共荣"。此话在他远离大陆，归期渺渺时说出，无论是他党败于大陆的民族政策之反思，或是寄望于后来者或当今执政者的所无党见之言，都是出于民族感情的"中国心"和治学严谨的科学精神。尤其他身为有其财富者，对"从事生产之农人，'乐岁终身苦，凶年不免于死亡'；兼并剥削者，忽须从事生产，可锦衣玉食，矛盾孰甚"的正视现实。

对版纳"土地村公有制"，其"终极为凡参加其社会组织之成员，自出生以至老死，可勿虑匮乏；并无须出卖其人类之尊严及自由"。此种学术良心，令人敬重。

至于学术观点的不同，或某些具体问题的认识分歧，绝不同于一党之见所强暴学术之粗暴、恶劣。如开篇对"十二版纳"的解读，姚荷生说傣人"称自己居住的区域（即广义的'车里'）为'雪双版纳'（Siy Sawmg Pana）。就字面的意义讲：'雪'是'十'，'双'是'二'，'版'是'千'，'纳'是'稻田'，'雪双版纳'意即'十二千稻田'"。李先生则完全不同意此说，认为"泐语文法，向无称 Hmen Soang Ban（一万两千），作 Sipsoang Ban（十二千）之例。按 Banna 亦作 Bana，应为巴利语 Bara 一词之转。泐文拼音惯例，凡'R、L、N'三个声母，位于两韵母之间时，均应一律照'N'发音，同时并须上下兼拼。所以巴利语 Banna，其义为府或州。Meeng Sipsoang Banna 一词，可以译为十二府国，或十二州国，而不当译为'十万二千稻田国'也"。也有说版纳只是 Bana 的音译，乃"古人似尚未得确解"。类似这类问题，则不仅是"求同存异"，而是"争鸣"，充分尊重每家之言。除了极个别笔误或学术著作非学术性的用语作了编辑工作，全书全部原版照排。作者希望此文能在故乡出版之心情，让人不由随口吟出于右任老先生的名篇《望乡》：

> 葬我于高山之上兮，望我故乡；
> 故乡不可见兮，永不能忘！
> 葬我于高山之上兮，望我大陆；
> 大陆不可见兮，只有痛哭！
> 天苍苍，野茫茫，
> 山之上，国有殇。

于老先生走了多年，为"国有殇"。看不到他可以到大陆自由南北的"国有幸"。于老先生若今日看到他熟悉的李拂一先生的这本书，在大陆，在李先生故乡出版面世，也是到了大陆了，然而我们在大陆看到此书，也是看到李先生。这不仅是对李先生，也是两岸多少人家喜鹊的歌唱。

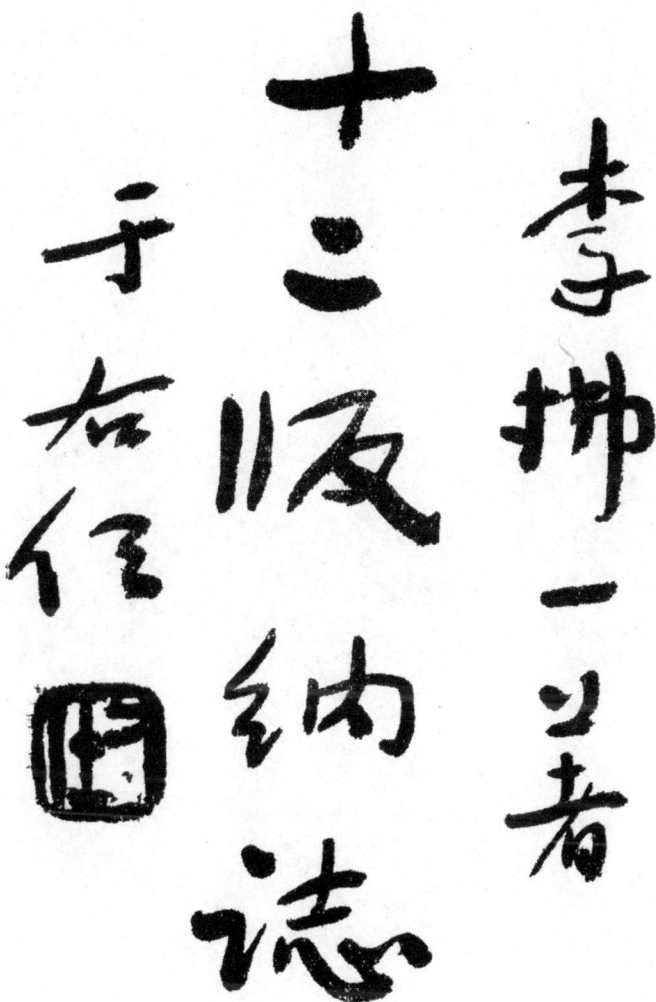

李拂一者
十二版纳纳
于右任
识

目　录

芮 序

"十二版纳"就是清季外交文件上所称的"江洪"地方。

清光绪二十年（一八九四年），由薛福成和英使订立的中英续议滇缅条约第五款规定："从前属中国兼属缅甸之孟连、江洪所有缅甸上邦之权，均归中国大皇帝永远管理；英国大君后于该地所有权利，一切退让。惟订明一事，若未经大皇帝与大君后预先议定，中国必不将孟连与江洪之全地与片地，让与别国。"约中所称"江洪"地方，原来就是元初所置"徹里路军民总管府"，后改"车里军民宣慰使司"，明改"车里军民府"，清改"车里宣慰使司"的地方。清末，该司曾入贡缅甸，光绪十年（一八八四年），缅法缔结密约，已允将其地割让法国。中英续约成，法国以有损其权利为理由，向清政府要求修正。清政府不能拒绝，遂于次年派庆亲王奕劻和法使订立中法续议界约专条附章，其第三款规定："猛乌、乌得、代邦、哈当贺、联盟、猛地各处归越南。"清政府不知约中所称"猛乌""乌得"两地，乃是江洪辖境。于是英政府又提抗议，清政府不得已，于二十三年又命李鸿章与英使订立续议滇缅条约及附款，才算了事。其第五款重新规定："日

1

后中国，未经先与英国议定，不能将现在仍归中国在湄江左岸之江洪土地，以及孟连与所有在湄江右岸之江洪土地，或全部或片土，让与他国。"

这个纠纷重重的江洪地方，就是摆夷语或泰语所称的"十二版纳"。"版纳"之义为划分行政区域的单位，以其地旧分十二单位，故有此称。这个地方因为清政府的昧于边情，造成英、法、缅、越的纠纷，闹的笑话可不算小。尤其可惜的是那块地方已不完全属中国了！现在只包括云南迤南的车里、佛海、南峤、镇越、六顺、宁江六县局及思茅和江城二县属各一部分地方；面积约共二万五千余平方公里，约等于台湾全省面积百分之七十强，居民十之六七为摆夷人，这实在很值得国人，尤其是有兴趣于边疆问题、关心国防外交者，特别加以注意的地方！

李拂一先生于二十余年前曾著《车里》一书，记十二版纳的史地沿革、边胞民情礼俗、语言文字、物产交通、政教制度，简明扼要，远非柯树勋《思普沿边志略》、李郁高《云南第四区况概》所可企及。读者早有定评。我于二十四年初次游滇时曾读其书，后又获读其《泐史》及《车里宣慰使世系考订》，而深憾未获识荆。去年夏间，在董彦堂先生处相晤，一见如故。谈及滇边，特别是迤南故实，滔滔不绝，使我获益不少。数日后承李先生过访，以新著《十二版纳志》见示。亟读一过，深觉其书较之旧著《车里》，不仅在分量上增加了一倍，而全书的结构也更增妥善，参考尤臻详赡。李先生居其地三十余年，通摆夷语文，足迹所至，遍历十二版纳各地。今以其周咨博访所得，重新写成新著。其考证史地，兼参据摆夷文书所载；记叙边胞民情礼俗，皆凭实地观察所及；详述政情、教育、宗教，则为亲身经历体验而来。所以凡所论述，无不信而可征，亲切有味。所附照片图表，并多精详。实为国人关心国防外交边情，而想了解云南迤南边境社会实况之宝册；也是旅行家、民族学者的良好向导。再者，我尝以为要研究边政，首先要认识各区边疆，了解各地边情，而后才能针对各种实况，研拟合情、合理、合法，而切实易行，且可因时、因地、因人制宜的重建边疆方案。

一九五五年五月五日芮逸夫序于台北

自　序

　　我国幅员辽阔，而交通不便。对于边裔社会情况，除一二广大地方，政府有特设机构，经常研讨而外，其余若干地区，因少注视，不无隔膜。边裔之优良传统，文物制度，每任内地暴民，摧残破坏；或让边吏虐民，未克维护。甚至演导为严重之事件：强梁之部族，不惜铤而走险，国家劳师糜饷，方能求得安定；弱者则举族外徙，以避强暴，为丛驱雀；设不幸为野心之强邻所利用，则纠纷尤大。所以边疆问题，遂史不绝书。其实边裔部族，各有其优良之文化传统，不尽如想象中之榛狉不治。果能因势利导，福利提掖，自不难达到共存与共荣。总之，每一个民族，能延存至今，皆必有其存在之条件。以十二版纳而论，即其一例。

　　十二版纳，位于云南之西南极边。西邻缅甸之掸邦，东邻越南之寮国，南隔景栋一狭长走廊，而俯瞰泰国。地当缅、泰、寮三国之交，形势冲要。当前清之末叶，即已为英缅及法越争夺之标的，一再引起纠纷。抗战期间，泰国政府，曾强调十二版纳为其必须收复之失地。前年，在十二版纳当局组

1

成以召存信[①]为首的"泰族自治区人民政府",泰国报纸称为"自由泰国政府"。震惊了整个泰国,也震惊了中南半岛若干国家。

十二版纳之旧有领域,原较现境为大,根据其典籍之记载,东至老挝(寮国),南至景海(今泰国昌莱府),西至南孔(即萨尔温江,包括今缅属整个景栋土邦在内),北至元江。自被泰、缅、越蚕食瓜分之后,其领地已大为减缩,而其北境又早已彻底改流。至今日之十二版纳,仅包括车里、南峤、佛海、六顺、镇越、宁江等六县局及江城、思茅之一部分。占地不过十万方市里,居民不过二十万,诚蕞尔一隅。然而,十二版纳为泰族即摆夷族聚居我国西南一带之中心地段,而又接近泰国,其东之滇越边区,其西北之滇缅边区,均住有甚多之泰族。散居滇省之泰族,估计当不下二百万人,如果将散居我国西南各省之泰族人合并计算,其数目尤大[②]。

十二版纳最大之特点,为其土地村公有制度,虽不尽同于周制,要亦井田之一类。其终极为凡参加其社会组织之成员,自出生以至老死,可勿虑匮乏;并无须出卖其人类之尊严及自由。今日人类最大之恐惧,

---

① 召存信:江城县整董乡人,整董土司之族舍,有一个时期,彼尝否认其为摆夷,自承为南京人。抗战前因案避地车里,婚于车里之贵族。抗战中晋升至车里宣慰使司之Bathama Agga Maha Sienra Chao Jingra(首相)。一九五三年一月二十三日在车里成立"西双版纳泰族自治区人民政府",被任为"主席"。

② 美教士杜德博士的调查数为六百万人。又云南的泰族,据南道教会报告之数为一百万人。

得无即"匮乏之恐惧"乎？"礼失而求诸野"，十二版纳迄今犹行之土地村公有制度，正足佐证井田古制之并非伪托，而值得吾人加以研究及参考者也。

自井田制度废弛，土地私有，于是兼并剥削，随之而兴。从事生产之农人，"乐岁终身苦，凶年不免于死亡"；兼并剥削者，毋须从事生产，而锦衣玉食，矛盾孰甚。然而数千年来，积非成是，反认井田古制为伪托。晚近虽有国父之"耕者有其田"之伟大主张，而国人未能群起促其实现。

犹忆二十多年前，著者写了一本简介十二版纳史地民物之小册子《车里》，交由商务印书馆刊行。出版之后，不克自满，尝函告书馆：俟再版，当有所增订。同时又计划将该书的每一章，尽可能扩充为一本或若干本专著，然后再纂辑为《十二版纳全志》。随本斯旨，从事收集、调查、记录等工作。考察范围，并远及外域若干有关国度。先后十余年，积稿约三百万言，所摄民物照片及绘就边疆地图以及边疆特产植物图稿等，凡数百帧。有经已整理成书者，有将近成书者，连同尚未经整理之若干原始稿件及图片等，概保存佛海家中，原拟另觅一时机，再分别整理。不料三十八年春，整个思普边区，竟先昆明而变色。家人于佛海事变前三日，仓促携随身行李，避入缅境。所存图稿、标本及参考书等，皆不及抢运出国。著者时客昆明，仅零星稿件，因携行箧，得以幸存！

十二版纳，因僻处一隅，交通梗阻，向不为国人

所注意，其一切情形，均与内地殊异。历史文物，风
土人情，社会组织，地理环境，实有研讨之必要。爰
就记忆所及，以及手边仅有资料，加以整理，写成此
书，以供国人之参考。分量虽较《车里》一书，已增
倍蓰，但距离计划中之《十二版纳全志》，未逮什一。
详尽之报道，只有俟诸环境许可之异日。此外并搜罗
残存及向友人假借以及采自其他书籍之照片三十九帧，
另绘地图二帧及水摆夷居室平面图一帧，共四十二帧，
插附书中，藉增阅者兴趣。挂一漏万，真憾事也！

　　再本书原稿，荷承台湾大学芮逸夫教授代为审阅
一过，指示许多宝贵意见，又代由 David Diringer 所著
The Alphabet 一书，查示摆夷字之主体，仍为十三世
纪之古 Lao 文，而 Lao 文则源于 Mon 文之说，得增入
书中；并惠序言。此外并荷承于院长惠题书签；张监
察委员尊鸥先生惠予题辞，藉冠书眉；《"中央"日报》
蔡正伦先生另赐精绘十二版纳简图：均使本书倍增光
彩，敬致谢忱！

　　　　　一九五五年六月二十六日识于台北

第一章 历 史

一 释 名

十二版纳，吾人称为车里。车里一曰徹里，别作阇力，或作车鳌，抑减笔作车厘。明史及新元史谓：即逸周书王会解："伊尹为四方令曰：正南瓯邓、桂国、损子、产里、百濮、九菌，请令以珠玑、玳瑁、象齿、文犀、翠羽、菌鹤、短狗为献"之古产里云[1]。自泰族别支泐人[2]，由其民族领袖叭真（Chao Bhaya Cheng）统率，击破南诏之统治，尽驱南诏遗民于崇山峻岭之间，建立一个以水摆夷族为主体的政权，遂号称曰泐国（Meeng Le）。继划其辖境为十二个行政单位，厚植封建，于是始有十二版纳之名。

十二版纳一名，依照泐文罗马字，可译写为 Meeng Sipsoang Banna，或简写作 Sipsoang Banna。Sipsoang 训为十二，Banna 一词，古人似尚未得确解，遂音译而为版纳，故曰：十二版纳。近今学人，亦有就普通解释，

---

[1] 车里一名之来源，详拙著《车里命名来源考》。

[2] 照歹泐语音应作 Dae Le，欧美人士译作 Tai Lu 或 Thai Lu，已与原音有相当距离。国人又据外语转译作"吕人""怒人"或"怒子"（滇西北另有一种怒子，属藏缅系），距离愈远。兹为符合原音起见，特改译为"歹泐"，或称"泐人"，普通称为水摆夷。

割裂分译，以 Ban 译为千，以 Na 译为稻田，而直译为
"一万二千稻田国"者。其实泐语文法，向无称 Hmen
Soang Ban（一万二千），作 Sipsoang Ban（十二千）之例。
按 Banna 亦作 Bana，应为巴利语 Bara 一词之转。泐文
拼音惯例，凡"R、L、N"三个声母，位于两韵母之
间时，均应一律照"N"母发音，同时并须上下兼拼，
所以巴利语 Bara 一词，在泐文中，应该读为 Banna，
其训为府或州。Meeng Sipsoang Banna 一词，可以译为
十二府国，或十二州国，而不当译作"一万二千稻田
国"也。此外尚有一梵化名称曰：Aravi。伯希和谓："越
南半岛印度化之民族，咸有在其地建设一新印度之习
惯，曾将印度地名，移植于其国内，有时将本地之名
梵化，有时竟以印度之名名之。"Aravi 一名，或即大
集经月藏经中，东方七宿，尾、箕二宿所摄十四国中，第七国之"阿罗毗"。或出于摹拟，或迳出于移植也。

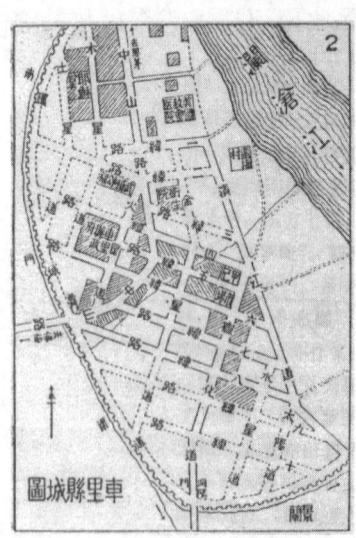

其首邑曰：景眬（Jiing Rung），语音作景洹（Jiing Hung，亦译锦蓉），西方地图作 Kiang Hong，或作 Xieng hung，亦作 Keng Hung，国人又根据西

2

图而译作江洪。按景之义为城、为镇、为首府、为都会；晚之义为黎明，译言黎明之都，降缅后称景永，译言孔雀之都（全境亦曰景永，或曰：景永巨）。即今车里县及车里宣慰司治所在。晚近吾人通称曰：九龙江，或简称九江。按九龙江一名之来源，可有四说：一说谓：因澜沧江流经车里宣慰司所在之九龙山（Ving Pha Chang）下，而山有九脉插江，因以得名。一说谓：九龙者，泐语即水摆夷语鹭陇之转讹。鹭陇译言大风丫口，车里宣慰司治所在，有山曰鹭陇，故云。一说谓：泐文名车里宣慰司治曰：景晚，亦可译作景龙，九龙者，即景龙之转音也。一说谓：泐文故事集载称：相传远古时代，诏法王（通常以称中国天子）有子三人，向王请求封地，诏法王各予神箭一支，命分别向天空发射。长子之箭，仍坠落原射地，因得继父为诏法王；次子之箭，则飘至缅甸，遂往为缅甸王；三子箭落车里，射中硊慷岩（即九龙山），受封为车里王。硊慷岩因中箭受伤，日夜作吼，声震天地，车里王惧，往诉诸诏法王。诏法王以枝击浡些（古代指洱海，后指滇池），出龙九条，引水至车里，淹没硊慷岩，使不复能作声。其水即称九龙江，地以江名，故车里一名九龙江云。

二 沿 革

十二版纳一地，综合各民族之传说，既各民族分布之现状，及文献之可能考征者，最初似为建立真腊之吉蔑族别支蒲蛮人所繁殖。蒲蛮传说曰：五千年前，其始祖法空弄哦者，由东北方来，领有十二版纳全境。商汤时一度入贡。唐开元十九年（公元七三一年），没于南诏[1]。天后间（公元九〇三年），为真腊之领域[2]，继又为南诏俅俅族别支阿仔人所据[3]。宋淳熙七年庚子（公元一一八〇年），叭真人主猛泐，方始为泐人即水摆夷所统治。

车里于《逸周书》一见之后，即不见于古代典籍[4]。宋宝祐五年（公元一二五七年），蒙古主蒙哥，遣将兀良合台伐交阯，经其部，悉降之。元至元三十年（公元一二九三年），置彻里路军民总管府，领六甸，始正式隶我版图。后又置耿冻路，耿尝、孟弄二州。至大间，改车里军民宣慰使司[5]。

明洪武十五年（公元一三八二年），车里酋刀坎来降，改置车里军民府，以坎为知府，并省元耿冻路，耿尝、孟弄二州入车里。十七年（公元一三八四年），改车里军民宣慰使司[6]。永乐十九年（公元一四二一

---

[1] 泰国人宋素理瓦剌所著《泰国古代史考》第一章第六节内称："佛历一二七四年（公元七三一年），皮罗阁王，更扩展南诏疆域至十二版纳，十二诏泰，东京。"

[2] 见宋初《越南半岛诸国考》。

[3] 见歹泐文《十二版纳歹族之由来》。

[4] 《史记·秦始皇本纪》："华公享国三十六年，葬车里北。"又"惠公享国十年，葬车里康景"。此两公葬处之车里，应不离关中，与今之十二版纳之车里，悬隔太远，当非一地。

[5] 见太华山佛严寺无照玄鉴禅师行业记碑。（并载《昆明市志》）

[6] 《续文献通考与地考》作"十九年，改车里军民宣慰司"。

年），宣慰使刀弄，时以兵侵劫人民，其同知刀双孟，奏请别设治所，以抚其众，遂分其地为二，而别置靖安宣慰使司于猛捧予之，即升双孟为使。靖安原车里地，分析后，时起争端。宣德三年（公元一四二八年），因刀弄逃死于老挝，裁车里军民宣慰使司。六年（公元一四三一年），复置司，以刀霸羡为宣慰使。九年（公元一四三四年），徇靖安宣慰使刀霸供之请，裁靖安宣慰司，仍隶车里，而以刀霸羡、刀霸供，共为车里宣慰使，以息争端。成化十二年（公元一四七六年），以车里隶临元道。嘉靖十年（公元一五三一年），缅酋莽瑞体蚕食诸邦，车里宣慰使刀糯猛不能御，阴附于缅，而以东境之小车里周旋明室。隆庆二年（公元一五六八年），缅王命将摩诃云击降车里，宣慰使刀糯猛随军往征阿逾陀、景迈，旋师至猛叭病卒。三年（公元一五六九年），缅王以公主孃呵钪妻宣慰使刀应猛，称金莲妃。赐宣慰使象牙印及衮赠仪仗服饰无算。万历十三年（公元一五八五年），命元江土舍那恕往招车里，应猛复归，献驯象、金屏、象齿诸物谢罪，听复职。天启七年（公元一六二七年），车、缅招募，缅执宣慰使刀韫猛以去，其地为元江那氏所据，明室不能问，车里遂亡。其地东至落恐司界，南至波勒蛮界，西至八百宣慰司，北至元江军民府界，西北通孟琏长官司、者乐甸。

清顺治十六年（公元一六五九年），清军入滇，降各土司，那氏内附，旋叛被诛，编隶元江府。十八年

（公元一六六一年），车里酋刀穆祷献金投诚[1]，复置司，授为车里宣慰使，管理十二版纳。是年，吴三桂以普洱地方，半归车里，半属元江。编普洱、思茅、普腾（亦作普藤）、茶山、孟养、猛暖、猛捧、猛腊、整歇、猛万、猛乌、乌得、整董等十三处，隶元江府。康熙三年（公元一六六四年），调元江通判分防普洱，十二版纳仍划归车里宣慰司管理。雍正七年（公元一七二九年），改土归流，以江内之思茅、普腾、整董、猛乌、六大茶山、橄榄坝等六版纳置普洱府，于攸乐设一同知，思茅设一通判隶之；其江外之六版纳，仍归车里宣慰司管理，而责其岁纳粮银于攸乐同知。十三年（公元一七三五年），置宁洱县于府治，以普腾土千总、猛旺土把总、整董土把总、猛乌土把总、乌得土把总五土司版纳地，及竜得土便委、等角土目地隶宁洱县。裁攸乐同知。改思茅通判为同知。以车里宣慰司、六顺土把总、倚邦土把总、易武土把总、猛腊土把总、猛遮土千总、猛阿土把总、猛笼土把总、橄榄坝土把总等九土司地，及猛捧、猛伴、猛岺、补角、打洛、猛漭（亦作猛混）、猛海、顶真、猛康、猛满、猛往等十一土便委，并攸乐二土目（一为攸乐土目，一为濮潦寨土目）之地，隶思茅同知。乾隆三十七年

---

[1]《云南事略》："顺治十七年十月，车里宣慰司刀木祷投诚，给印世袭。"《普洱府志》："凯冷之裔孙刀穆祷自江干率土投诚，仍授车里宣慰使。"又"刀穆祷死，子懦猛袭；懦猛死，弟猛桃袭；猛桃死，子召區猛袭。"《泐史》：顺治十八年献金归顺，获授车里宣慰使世职者为诏钪勒。钪勒死，子懦猛袭；懦猛死，乏嗣，钪勒之弟刀穆祷袭；穆祷死，子诏區猛袭，与旧籍有异。详第六章第四节甲"车里宣慰使司"条。

（公元一七七二年），缅人侵车里，宣慰使刀维屏不能御，移宣慰司于九龙江内之小猛养。三十八年（公元一七七三年），刀维屏听谗构衅，挈家远逃边外猛勇，裁宣慰司。四十二年（公元一七七七年），复置司，司治仍移江外。清末，国家多故，藩属以次沦亡，猛乌、乌得，亦于光绪二十二年（公元一八九六年），为法人攘夺以去，不复有十二版纳矣。宣统元年（公元一九〇九年），猛海土便委刀柱国与其侄诏雅合，因争袭土职互攻，猛遮土千总刀正经助雅合，击走车里宣慰使派往弹压之土练，逐柱国，焚劫猛海商场，杀掠汉商，遂引起遮、顶乱事。二年（公元一九一〇年），清政府以兵克之，议改流，原拟设一直隶州及三个县。

中华民国元年（公元一九一二年），划分车里、猛海、猛遮、猛潘、猛笼、橄榄坝、猛捧、猛腊、易武、普文、六顺等，为十一行政区，分区派员编查户口，以为改设县治之准备。二年（公元一九一三年），以经费不敷，缩编为八区。一月，创设普思沿边行政总局于车里宣慰街，兼第一区，领车里宣慰使直辖地，橄榄坝土把总及攸乐山土目地。以次设第二区行政分局于猛遮，领猛遮土千总、猛阿土把总及景真（即顶真）、猛满、猛康三土便委之地。设第三区行政分局于猛潘，后移猛海，领猛海土把总，猛潘、打洛两土便委之地。设第四区行政分局于猛笼，领猛笼土把总之地。设第五区行政分局于猛腊，领猛腊土把总及猛捧、猛伴、猛岺、补角四土便委之地。设第六区行政分局于易武,旋移治倚邦,领倚邦、易武、整董三土把总及竜得一土便委之地。设第七区行政分局于黄草坝,领普腾土千总及猛旺土把总之地。设第八区行政分局于官房,领六顺土把总及猛往土便委之地。普思沿边特别行政区,至此完全成立,编隶普洱道。三年(公元一九一四年),建行政总局于距车里宣慰司治西北约十市里之景德,而移治焉。景德为车里宣慰司旧治,相传明时有居民万余户,今惟满地荆棘,佛寺遗迹十数而已。自行政总局移治之后,始稍稍有人焉。泐语谓万数曰德,故曰景德,译言万户之都。有土城作半月形,外有濠,弦东北东向,南北袤千四百余公尺,东西广四百余公尺,周约三千五百公尺(七市里),以近今土人每户屋舍院落所占地积平均数二百平方公尺计算,此土城中,最多约可容纳三千人户,言万户者,或举成数耳。六年(公元一九一七年),移第五区行政分局治猛捧,盖猛捧南接法属猛悻,形势较为扼要也。十年(公元一九二一年),将第四区之地,并归第一区管理,而析第二区之猛阿及猛康,第八区之猛往等三土司之地,而别置第四区行政分局于猛往。十三年(公元一九二四年)夏,总局长柯树勋率各土司晋省观光,并呈请改组,以期策进,政府许之,于十四年(公元一九二五年)一月一日,将普思沿边行政总局,改组为普思殖边总办公署,改各区行政分局为殖边分署,十六年(公元一九二七年),普洱道尹徐为光,将八殖边区改为七县治又一行政区:以第一区为车里县,第二区为五福县，第三区为佛海县，第四区为临江行政署，第五区为镇越县，第六区为象明县，第七区为普文县，第八区为庐山县。组织边防军，称边防军总司令，宣布独立。无何，前护理殖边总办柯祥晖，以拥护省政府名义相号召，举兵据车里，以次将徐氏在十二版纳势力排除，广县复区，自为总办。但不久仍为徐氏所败，恢复县治。十七年（公元一九二八年），徐氏取消独立，输诚省府。十八年（公元一九二九年），改县案始经云南省政府省务会议通过，正式呈经国民政府照准，并改庐山县为六顺县，改临江行政署为临江设治局，而将象明县之倚邦及竜得两地裁并于普文县，易武裁并于镇越，为镇越县治，整董裁并于江城县。二十年（公元一九三一年）六月，又将普文全县，包括倚邦、竜得两区，一同裁并入思茅县。二十三年（公元一九三四年）二月，改五福县为南峤县。二十四年（公元一九三五年）六月，改临江设治局为宁江设治局，盖以其与辽宁省通化县东之临江县同名，故改称宁江云。各县于十八年（公元一九二九年）废道后，一度直隶省政府。十九年（公元一九三○年），改隶普洱第二区殖边督办公署，三十年（公元一九四一年），殖边署裁撤，改隶普洱第一区行政督察专员公署。三十一年（公元一九四二年），改第一区行政督察专员公署为第四区行政督察专员公署。三十七年（公元一九四八年），又改为第七区行政督察专员公署。

第二章　地　理

一　疆　域

十二版纳，位于滇省之极南。其现有辖境全图，约成一倒飞之蛱蝶形，上狭而下广。北以六顺县之大卢山为极端；西以南峤县之三面坡为极端；南以镇越县之南滪河源马鞍山，东以整法山、野牛洞山一带为极端。纬线自北纬二十一度六分起，至二十三度止。经线自格林威治东九十九度五十三分起，至一百零一度五十分止。南北袤三百八十余公里，东西广二百八十余公里，面积约二万五千余平方公里，占滇省全境面积十七分之一强。约十倍于欧洲之卢森堡国，而较小于北美洲之海地共和国。东及东南，与寮国之乌得、猛乌、猛悻相接，以猛板田山、茅草山、野牛洞山、整法山、甲旧山、马鞍山、倮山、回披燕山、猛润山为界；西及西南，与缅甸之景栋土邦毗连，以三面坡、南览河、南洞河、南拮河、广变大山、南雅河、湄公河为界；西北与澜沧县相接，以南览河、呵冬迈北山、龙洞山西部之隔界河、漂桥、班发坡北部之澜沧江为界；北与思茅县相接，以大卢山、老军田山为界；东北与宁洱及江城县相接，以白沙河坡脚之猛野江、曼转山及整董大树脚之尖山坡一带为界。

二　国　界

　　十二版纳境地，其东及东南，原与暹罗之南掌土邦接壤。逮光绪十九年（公元一八九三年），因暹罗兵弁巡察清堪民地，法国指为己属，遂起争端。法国遣派兵舰至暹，以保护己民为词。暹国炮台，击中法舰，法大兵继到，遂以战舰围困暹国港口，要挟议和，复订新约，将湄公河左岸，暹领南掌旧地，割归法属。自是，法地始与车里之猛乌、乌得接壤。猛乌各属，产盐甚旺。先是光绪十六年（公元一八九〇年），疆吏以有碍石膏井盐岸为词，将猛乌土司各属盐井封闭，猛乌土司怨愤，密投驻暹罗之法国公使。逮法境与十二版纳毗连之后，致引起法方之垂涎，驻北京法使施阿兰（August Cerard），屡向总理衙门会商，要求修正光绪十三年（公元一八八七年），中法境界与通商章程。并面称：中、日和局，法与德、俄，出而调处，大有益于中国，法外部希望中国订立续约，表示索还辽东之功，意在索酬。总理衙门不能拒，界务方面，遂依法使之要求，允将我猛乌、乌得两土把总司地，让与法国；商务方面，亦相当让步，示惠于法。于光绪二十一年（公元一八九五年），由总理衙门庆亲王奕劻与法使施阿兰，在北京订立续议界务专条。其附章五款三：规定"滇、越边界，自黑江与南马河相

注之处起，至湄江（即湄公河）止，绘定如下：自南
马河注黑江之处，界线顺南马河至河源处止，又向西
南，又向西，顺分水岭至南桿河、南乌江两水发源处；
又自南乌江发源处，界线顺南乌江与南腊河并各支河
中间之分水岭。其西边之漫乃、倚邦、易武、六大茶
山等处归中国；其东边之猛乌、乌得、化邦、哈当贺、
联盟、猛地各处归越南。又界线以南北向，东西向，
至南洩河发源处，又顺分水岭，以西北偏向，绕南洩
河及注南腊河南岸诸水发源之山，以至南腊河注湄
江，在于猛拿（即猛捧）西北之处而止，其猛莽（亦
作猛漭）、猛润之地归中国，至八盐泉——坝发岩——
之地，仍归越南"。光绪二十二年（公元一八九六年），
思茅同知许台身、张垣，宁洱县谢诗纯、知县黎肇元、
游击刀丕文，奉派前往正式交割猛乌、乌得于法，与
法员巴威、桑德来、佘纳尔、西威里、猛叭兰、写阿
兰等，自李仙江西岸，南马河口起，溯流而上，至南
马河头，以南马河为界线；由河头上分水岭，顺山脊
而行，至南洩河头丫口，转向西行，至南漭河头稍偏
北，至南腊河口汇入湄公河东岸止，均以分水岭为界
线，凡猛野江、补远江、南腊河诸支水流域归中；南
乌河、大宣河诸支水流域归法。会定图线，竖立界石，
共立二十四牌：

　　第一牌　在南马河头，团包坡头。
　　第二牌　在孔明石坡头分水岭上。
　　第三牌　在石棺材坡头分水岭上。

第四牌　在大路边分水岭上。

第五牌　在坝卡南边五里分水岭上（以上位江城县境）。

第六牌　在离二塘数里，坝连坡头分水岭上。

第七牌　在蚕豆田箐头分水岭上。

第八牌　在歇马厂分水岭上。

第九牌　在大青树分水岭上。

第十牌　在马叭大地分水岭上。

第十一牌　在漫腊偏东二十五里之茅草山分水岭上。

第十二牌　在猛乃坝东南之三棵椿分水岭上。

第十三牌　在半约分水岭上。

第十四牌　在甲旧分水岭上。

第十五牌　在补抱坡分水岭上。

第十六牌　在南涐河之丫口分水岭上。

第十七牌　在南涐河头分水岭上。

第十八牌　在尚勇南边，马鞍山分水岭上。

第十九牌　在拉罕分水岭上。

第二十牌　在南潏河头分水岭上。

第二十一牌　在回披燕分水岭上。

第二十二牌　在旧坝梭分水岭上。

第二十三牌　在广景橄分水岭上。

第二十四牌　在南腊河汇入湄公河西岸河口处（以上位镇越县境）。

其原属乌得土把总管辖之竜得土便委司地，以在补远江流域，划归中国。原属猛腊土把总管辖之磨丁、磨杏、磨别三盐井，以在大宣河流域，划归法国。自此，十二版纳境土，遂不复与暹罗接壤。

十二版纳西及西南，与缅属景栋土邦，即孟艮土指挥使接壤。孟艮土司，原我国藩属，明永乐三年（公元一四〇五年）来归，置羁縻土府，以土酋刀哀知府事。后沦于缅。孟艮与车里、孟琏，原属兄弟之邦，其史书载称："其先有兄弟三人，一名岩尖崀，为主于孟艮；一名岩玉渤，为主于猛渤；一名岩仔琏，为主于勐琏"云。当英灭缅甸之初，无所依归，当遣使诣思茅厅觇清室意旨，当局不敢纳，遂转入英。光绪十六年（公元一八九〇年），英人始经营及之。驰道四达，商贾辐辏，为车里西南边外之一大重镇矣。由是而中英有勘界之举。光绪二十五年（公元一八九九年），经督办滇南界务迤南道陈灿，督饬委员县丞吴珣、州同陈鼎枢、府经李芝瑞、从九徐嘉钰、都司刀焕彩，会同英会办觉罗智，英委员郝思义、师德林、陶德、帑尔坎等，会定十二版纳与孟艮界线。自三面坡起，向东南下，至南览河，即顺南览河而行，至打洛属之鸠那，以河为界。由鸠那离南览河登岸，东南折至灰令亮，又西南折至灰孟林，南下哇央傍，渡南麻河至拉地，由拉地正东行至南孟号，又东南折至埋牛筒，北上那会博，沿广塔山西北山麓，经笼蛮当，渡洞亦小河，至洞腊小河汇入南览河处，以山麓或山脊为界，将打洛全境，划出归中。至此复遵南览河而行，至南拮河口，以南览河为界。由南拮河溯流北上，至南甲河口，以南拮河为界。由南甲河汇入南拮河口起，至河源，以南甲河为界。越坌连底法山，由南麦河头，下至汇入南洞河处，以南麦河为界。遵南洞河东北上至南达河汇入处，以南洞河为界。由南达河汇入南洞河口，至南达河头，以南达河为界。由此上山循大山脊而行，以分水岭为界。凡诸水之归猛笼者归中，诸水之归猛瓦者归英。又由洄勒河下入南雅河，即顺南雅河至汇入湄公河西岸止，以南雅河为界。除孟琏一段，属澜沧县管辖不计外，其在十二版纳范围者，自第三十号起，至六十二号止，中、英分界，共立三十三碑，其详细地点如下：

第三十号　在三面坡山脚，南览河西岸（位南峤县境）。

第三十一号　在南览河南岸，自打洛到南瓦村之路，地名鸠那。

第三十二号　在三十一号之东南，往南麻河之坡底，地名灰令亮，即灰莫秋。

第三十三号　在三十二号西边略南，地名灰孟林。

第三十四号　在南麻河西边上坡之处老塔，地名哇央傍。

第三十五号　在南麻河东岸，打洛至猛拉大路上，地名拉地。

第三十六号　在南好河西岸，蛮掌寨南边，地名南孟号。

第三十七号　在南好河西岩，地名埋牛筒。

第三十八号　在蛮蚌寨到蛮老寨大路东边，地名埋仑坎。

第三十九号　在三十八号北边业林之中，地名埋三坎。

第四十号　在蛮掌寨东部，蛮蚌寨南边略西之小阜处，地名那会博。

第四十一号　在蛮蚌寨南部略南平坝之南边尽处，地名买孟三角。

第四十二号　在南览河南岸，广塔山东北山麓东边，地名笼蛮当。

第四十三号　在洄亦小河东岸之小山，地名买彪三个。

第四十四号　在四十三号东边略北，地名那敦道。

第四十五号　在洄腊小河西岸，离洄腊与南览河汇流处约三百四十英尺。

第四十六号　在南拮河自东流入南览河之处，南览河两岸，各垒石一处。

第四十七号　在南拮河流入南览河之处，南拮河两岸，各垒石一处。

第四十八号　在南甲河流入南拮河之处，南甲河两岸，各垒石一处。

第四十九号　在南甲河、南麦河两河源中之垒连底法山上。

第五十号　在南麦河流入南洞河处，南麦河两岸，各垒石一处。

第五十一号 在南麦河流入南洞河处，南洞河两岸，各垒石一处。

第五十二号 在南达河流入南洞河处，南达河两岸，各垒石一处。

第五十三号 在悻冈垒山，即马行拱山，又名万兴公山，南达河源上边（以上位佛海县境）。

第五十四号 在旧南竜山分水岭上。

第五十五号 在蛮排寨至猛崧寨（亦作小猛宋）道路经过之分水山上。

第五十六号 在旧叭达竜分水山上。

第五十七号 在蛮排寨到猛笼道路经过之分水山上。

第五十八号 在猛笼至猛累（亦作猛类，缅属）道路经过分水岭上。

第五十九号 在广变乃山，即洄勒小河源头。

第六十号 在洄勒小河口，两岸各垒石一处。

第六十一号 在洄勒小河流入南雅河下边，南雅河两岸，各垒石一处。

第六十二号 在南雅河流入湄公河之处（以上属车里县境）。

其原属孟艮管辖，而位于南雅河北岸之猛炭寨；原属车里管辖，而位于南雅河南岸之广扁、完赏、蛮本三寨，以南雅河为天然界线。因查照条约所载，骑线村寨，彼此互换之规定，将两岸村寨，彼此互换，以免插花夹杂。惟原定条约，此段界线，大半应顺南垒江（亦作南累，又呼打丙江）而行，我方勘界大员，昧于地理，不能据约力争，于是如大猛养、猛麻、猛瓦、猛昂、猛歇、猛探等各地，遂划入缅属矣。

十二版纳，地本广大，清初割其北部江内之地置普洱府，其南部分属于中、缅及老挝。属中国部分，即车里宣慰司地是也。其西南属于缅甸，即湄公河以东之孟阿等寨是也。其东南属越南之老挝，即滇缅续约所谓之江洪是也。光绪十年（公元一八八四年），缅甸与法缔结攻守密约，缅王许以缅属湄公河以东之地。迨英灭缅甸后，英知法人必不肯放弃孟阿等地，因欺清室昧于边情，于光绪二十年（公元一八九四年），与中国订滇缅续约，尤将从前属中国兼属缅甸之孟琏、江洪所有缅甸上邦之权，让与中国，暗包括缅越属地而言，又约明不得让与别国。我国不知以江洪北境车里为断，载明不让他国，乃并缅、越属地，一并载入约中，至与法、缅密约相冲突，遂引起中、法之纠纷。法方自居三国索还辽东功，以重行分界为请。光绪二十一年（公元一八九五年），中、法订立续议界务专条，中国以江洪东境之猛乌、乌得等地，让与法国。至此，英又责我违背滇缅续约，要求重新划界，另订新约。光绪二十三年（公元一八九三年），总理衙门与英使宾纳乐，乃重订滇缅界约附款十九条，专条一条，以昔马、木邦、科干山予英，以为赔偿。

三 山 脉

山脉之说，以近今地理学眼光为衡，甚难言之。然迄来地学图籍，仍不少以山脉为言者，盖为说明方便也。十二版纳一带，山岭错综复杂，蜿蜒磐结，但较诸澜沧、思茅、普洱以北，则山势较缓，原野较多。其山脉大别言之，略可分为两大支脉：在澜沧江以西者，来自缅宁、双江、澜沧方面，属怒山脉；在澜沧江以东者，来自景东、镇沅、景谷、宁洱一带，属蒙乐山脉，即无量山脉。

怒山山脉，由澜沧迤逦入境，在猛满、猛遮之间者，曰：那包山、新火山、嶿章山。自那包北，分一支为觇珀山，走入宁江为觇珙山、龙洞山（龙洞山分支东走为那格山、那邨山，至澜沧江而极）。自那包南，分一支东南迤至景真之北部，曰：那固山、南松岭、觇埕山；再东走于猛翁之东，佛海之北，曰：贺泮山。贺泮山东走为蚌乃山、蚌竜山、坝猛山、落水洞大山、大安山、弄亮山。由弄亮南，分支南走为粘天梁子、石象山；分支西南迤至大南奔河、小南奔河之间者，曰：大平地山、三迈山、邦发山。由落水洞后山之东北分支，北走于蛮累河之东者，曰：蚌冈山；再东北走为大糯攸山、小糯攸山、阿麻山、贺见山。由落水洞后山之北西北分支，北走至大蛮累者，曰：蛮累大山，再北为景播大山；由大蛮累西迤于南泮河之东北者，曰：那金山（或作那京）。由嶂章山西迤于南安河及南弄河两河源之间者，曰：鹭崞山。由新火山南分一支，南迤于南弄河之东者，曰：嵇香山、冬暖山、西定山；再南为旧笋山、弄碰山、嵇蚌山；西南走为和顺山、巴达山、兴蟒山；又由和顺东南分支，西南走为蛮迈兑山、蛮昔山、嵇涿山、鸠那山，至南览河而极。又由邦南，南走一支为蛮禄山；东走一支为嵇亮山、嵇峨山（海拔二〇九六公尺）、南楞山。由南楞东南迤为南格大山、蛮果山、练丙山、南蕴山。由南蕴东迤一支为嶂三隋山、雅陶山、遮良山、埔贺山、蛮颡山。又由南蕴南迤为蛮蛾大山、蚌英山、南冻山、蛮辛弄大山、仉家山、宣广山。由南冻沿边界东行为万兴公山、旧南竜山、旧叭达竜山、广鳌（即广变）大山、广景蟠山、广庄辋山、广变乃山。由南蕴东北分支，迤至广冈者，曰：广冈山，再东北走为坝颡山、嵇冷山、嵇珍山、嵇盆山、桥榔山。由桥榔分支，西走为苏岵山；复西迤为贺南山、嵇宫山、蛮丹山、阿鲁山、蛮必大山、南金利山。由苏岵分支，东北走为大呼拉山、蛮崝山、南糯山及嶂养山。又由桥榔分支，东走至宣慰司西者，曰：嵇慷岩，即九龙山；东南走者，曰：阿克山、坝卡山、广埔贺山、嵇瓦山、钢鞭山，至澜沧江而极。

蒙乐山脉，自镇沅、景谷、宁洱方面南来，西迤于巴景河与普洱大河之交者，为大卢山；迤于南邦河之西南者，曰：小卢山。由亚罗新砦西北，迤于中河

之西者，曰：炮仗山（渤语原名嵓仗，译言象岩。炮
仗者，嵓仗之转音也）、马鞍山、白马山。白马山之南
为黄草岭、弯角山、亮山；西南为慕尼山（亦作猛令
山）、荡耙山、困蟒山、骑马山、茅铺山。由那谷、坝
塘之间，南迤于芭蕉林以南者，曰：蛮歇山；迤于老
段寨之南者，曰：尖山、大树脚山；再南迤于四十八
道河与那板河之间者，曰：那板山；再东南迤为攸乐山、
嵓当山、宽罕山，至罗梭江汇入澜沧江处而极。又由
嵓尼分支，东迤于猛岜之北者，曰：嶍仇山，又名银
广山。由攸乐山刺桐寨西北分支，迤为大木缸山、嶍
糯董山、嶍双嶙山（又名大黑山）、大窝铺山，至南养
河汇入澜沧江处而极。又一支自宁洱来，东南迤于整
董之北者，曰：尖山；迤于整董之东者，曰：营盘山。
沿中、法交界而下为茅草山、野牛洞山、整法山、甲
旧山、马鞍山；复沿界西行为徭山、回披燕山、猛润
山。其由营盘山南分支，西南走入整董为白象山；又
西南迤为大顺山、黑山、倚邦、架布、蛮砖、莽芝、
革登诸大茶山及孔明山。其由漫腊南分支，西南走入
易武者，曰：易武山，即漫撒山。由野牛洞分支，西
走于补角、补竜者，曰：补竜山；又一分支西迤于猛远、
猛醒之西者，曰：藤篾山，至澜沧江而极。此十二版
纳山脉之大略也。

四 川 流

澜沧江自北西北而南东南流，中分十二版纳为二：东为江内，西为江外，故十二版纳有江内及江外之分。南流至整控曰整控江，至新渡口曰顺安江，入车里县治所在曰九龙江。因此车里县治所在，又名九龙江。东南流经橄榄坝、景哈、关木出界，为滇缅界河；至南腊河口以下，方离界西南流，为缅越界河；至猛戈以南，则为暹越界水；至清堪东北，流入越境，至清巧安，复为暹越界水；南下至汶水流入处，即复流入越境，经柬埔寨，由西贡西南，分数道入南海。澜沧江为十二版纳境内唯一巨流，惜所经荒僻，两岸民居寥寥，因鲜舟楫之利用。车里县治所在，至橄榄坝、关木一段，水平江澜，民居亦多，船只往来频繁，航运便利，可航行小型轮船。洄化以北，滩险流急，由景谷方面，可航运商货至车里，但上水回航甚难。由关木南下至达伦一段，亦有险滩，但并非不可克复者。达伦以下，已可通行小火轮，将来如能将关木至达伦一段，以及其他若干险滩炸平，则十二版纳船只，可直放南海，其对于西南边疆之繁荣，要非浅鲜也。目前十二版纳船只，尚难与缅、暹、越交通，转运专恃牛马人夫，极感不便。江内产鱼曰："巴豪"者，若鲇，长三四尺，重数十斤，其味极美。

流沙河 渤语原名曰：南哈，译言五河；汉名流沙河，不知名所由来。源出南峤西北之新火山，南流经蛮角、蛮安、蛮那、蛮国；东南流经永竜、蛮弯；至蛮章令，纳南央河（南央河，其源有二：一自佛海邦南东北山中发源，东北流经呵央、崐崹，至蛮满，与由呵楞方面流来之东源相汇，北流经蛮峋、蛮孩、景鲁、戛琪、蛮养、蛮费丙、蛮宾、养弄、蛮潘，纳西来之南恩小河，东流经磨岱，纳由西北蛮寇、广门流来之小南哈河，复东流至蛮章令入流沙河），复东南流至景真八角亭下，东折流经景真坝子中部，至蛮那麻北，纳由东南经猛潘流来之南开河（南开河：或译南溉河，发源猛潘西南部之札袜、坝弯、南蕴一带山中，西北流经蛮蚌、蛮养、蛮海、仉仔，纳南潞、南格、南养等小河，复西北流经猛潘之蛮兴，纳南潴河——南潴河自黑龙塘发源，西南流经呵猛、呵那、养贯、蛮赛、蛮斐、南旮、蛮扁、泞钪，至蛮兴，入南开河——再西北流经蛮呵、蛮半、蛮因、蛮烈，而入景真界，至蛮涵潴北，东流折经蛮那麻，注入流沙河），复东流经蛮累而入佛海县境。至景买、南丹河（南丹河由母舍呵丹发源，北流经丹迈、蛮丹、蛮榭、景买入流沙河）南来入之。北折流经蛮扫、蛮真，东北折经蛮兴（亦作蛮辛），纳东南由贺南山上流来之南海河（南海河：由贺南山中发源，西北流经崐练、蛮两、蛮榜，纳东由蛮渤下寨流来之南渤河，西流经蛮袄，纳东南由崐宫山上流来，经蛮先、蛮中、泞坎之南罕河，复西流绕佛海市，北折流经蛮兴西北而入流沙

河），东北折流至蛮海，纳西北由蛮夏、蛮奁方面流来
之南董河，经蛮磊，东折经蛮砰（亦作蛮蚌）、亚康、
蛮峦（或作蛮乱）、蛮舀（亦作蛮尾）、蛮满，纳南由
蛮大烈后山流来之南慷河，流经南糯山之北麓，至兵
棚，纳西北由猛崧流来之大南奔河（大南奔河，其源
有三：一自宾塘西部山中发源，南流经景蚌、蛮卡、
东良、蛮黑，纳南播溪，又纳西自蛮列、蛮芳流来之
西源，东流经蛮丙、蛮迈、蛮柱，纳北由大安、南本
流来之东源，南流至兵棚，注入流沙河），至邦发坡
脚，纳北来之小南奔河（小南奔河：自三迈东部山中
发源，南流至邦发坡脚，注入流沙河），续东流经蛮博
嶍养山之北麓，东出车里坝子，经蛮景歹、戛董，纳
北来之南戏河（南戏河：自贺猛北部及西部山中发源，
与西源汇于贺猛之南，东南流至戛董，注入流沙河），
经蛮峦典、蛮东老、蛮摩，纳西南流来之南卧河，即
黑龙塘河（黑龙塘河：由佛海黑龙塘发源，东北流经
南糯及桥榔两山间，至播协——磨泄——，纳西北流
来之洄玟溪，东流经养丽，至蛮达，纳西南由戈嶍竜、
戈蛮苗山中流来之南辛河，东北流经蛮载、蛮别，至
戛洒，纳南来之南渥河——南渥河一名南万河，自戈
南帕洄南部山中发源，东北流经蛮海奁目，南流经蛮
柯松、蛮斐竜、蛮缅、景钪、蛮养、蛮兴，由戛洒西，
汇入黑龙塘河。——曰：南卧河，东北折流经蛮掌仔、
蛮金、蛮卧，于蛮摩对面之东南，注入流沙河），东南
东折流经蛮峦、蛮陇匡，由宣慰司西，蛮陇匡东南，

24

西注澜沧江。按流沙河于四十余年前，原分西北及东北两道入江。后因一部分江水，由西北一道，倒灌入河，挟河由东北道流至蛮渤寨下，与江水旧道合，中为沙洲，遂成今之形势。

南朗河 自蛮砰版发源，东南流至猛阿之西北部，纳南由猛阿流来之南阿河（南阿河：发源猛阿南部蛮播寨之东部山中，西流至蛮播寨西，纳西南由南峤县洛东寨流来之南泸河——南锦河由猛翁蛮哈寨东部山中发源，西北流至蛮播寨西南，入南泸河——北流经蛮雁、夏赛，至猛阿南，纳东来之南漂小河，东北入南朗河），东北流经猛康，至篾笆桥，纳西北由龙洞山西部流来之南苏河，又名隔界河（因河上游西岸，即为澜沧县境，故名），东折流至景播山下，称景播大河，再纳南由大蛮累流来之蛮累河，东注澜沧江。

南滇河 亦译南丁河，源出澜沧县属雅口东南山中，东南流入宁江，经蛮海、蛮因，至猛往北约三里许地方，纳南来之南往河（南往河：由猛往南部戈坝颡寨西部山中发源，曰南夏冈小河，东北流经戈坝颡，北流经蛮东、蚌董，纳西南由坝颡汉人寨北部山中流来之南涧歪小溪北流，经蛮道、蛮冈、蛮夏、沸坎，至蛮咧寨西边田坝中，纳西由蚌峨流来之南汐小溪，由蛮咧流来之蛮咧小溪，东折流注南滇河），南淌渠：（南淌渠：系由蛮道寨北，分南往河而成，北流经猛往城子脚，北注南滇河），东折流经老何岔山下，东注澜沧江。

南览河　由澜沧县猛朗坝西北，南清瓦西北部山中流来，东南流入南峤县猛满土便委司地，经呵冬迈、蛮呵冬、蛮两、蛮丙，西折流经蛮隆，至猛满城子西北部，纳南来之灭蚌河（灭蚌河：自灭蚌河寨南部山中发源，东流经小灭蚌河老寨，北折经半坡寨，至猛满坝子蛮扁东，纳西南由新火山小寨流来之打马河，东由南博流经蛮那、蛮柯弄而来之南博河，西北入南览河），西北流经猛雷，纳南由嶂章方面流来之南达河，西南流经蛮磨朗、贤良、管双，至猛安（亦译猛昂），纳东南由贺安流来之南安河西流，纳西北由澜沧县属邦概方面流来之南苦河，南堪河，经三面坡，南流经蛮邦、蛮玛，纳东北由南弄、西定流来之南璃河（南璃河：其上流曰南弄河，由南弄寨西北山中发源，东南流经南英，南流经冬暖、西定而西南流，纳南由和顺流来之南顺河——南巴河发源旧笋阿卡寨山中，西流经张郎，入南顺河——西南流曰南璃河，西注南览河），流经兴蟒、蛮搭而入佛海界，复南流至打洛土便委司属之鸠那，东折流经景洛，至蛮打火，纳西南由打丙江后山流来之南麻河（南好河：由蛮掌——亦译蛮仉——寨南部山中发源，北流经蛮掌、蛮额入南麻河），到景瀨，纳北由蛮昔、呵涿流来之南涿河，经蛮本、蛮宽，纳北由蛮三流来之南三河，东北由南楞、坝哈、猛板流来之南砒河（南砒河：发源南峤县南之南楞蒲蛮寨南边山箐中，东南流经戈猛冈、坝哈，纳东南由蛮果东南流来之南烈河，西南折流至邦倮山下，

右纳北由岜峨、岜亮流来之响水河——原名南他兒，左
纳南由戈迈满北部流来之洄枵桑小溪，至猛板城子西
南，纳由蛮禄、岜亮两山间流来之南板河——南公河：
东北由蛮岜北部山中来，流至猛板城子西南，入南板
河，西流至蛮舀，纳北由蛮打流来之南昔河——南舀
小溪：由蛮舀寨北部流来，东南流至蛮舀北，入南昔
河，西流至猛宽南部，注入南览河），东南流经蛮丙，
西南流经蛮木，复东南流至蛮额坡脚，纳东北流来之
南拮河（南拮河：其源为南不拔河、南坎河、南纳香
河及南里河等，南不拔河源出坝卡弄寨之西南；又一
源出自嶍三隤山之南部山谷，流至不拔寨子相汇，曰
南不拔河。西南流，左纳邦等寨东南山中流来之南纳
香河，蛮般寨东北流来之南里河，右纳北由遮良南部
山中流来之南坎河，复左纳东由戈蛮般寨流来之南买
河——南溢小溪东南来入之——西南流，至蛮额寨东，
入东由戈辛弄寨南部山中流来之南拮河，至此始名南
拮。西南复南流，又左纳东南由垒连底法山流来之南
甲河，西南流注南览河）出界，左纳南冻河（南冻河：
亦作南洞河，源出南冻寨东部山中，西南流至南冻寨
东南，右纳自北流来之洄扼小溪，流至南冻寨西南，
纳北来之南康小河，西北流来之南谝小河；左纳东由
戈南冻寨流来之南达河，复西南流；右纳北来之南陇
小河，北西北流来之南奔小河，经仉家——亦作掌家、
宣广，右纳西北由垒连底法山流来之南墨河——亦作
南麦河——出界，西南流入缅甸境，注入南览河），东

南流汇南累河东流，注入澜沧江。

南雅河　又译作南阿河，有北西二源：北源来自佛海县属猛滑土便委司东南蛮峨东北山中，西流至蛮峨东南，右纳西来之南墨、南先、南麻三小河，东南流至广岁壮山之西，纳西由猛昂、猛雷两荒坝中流来之西源。西源之上游曰：南丁多、南赛猛，源出猛昂荒坝之西尽山谷中（南戈河：源出蛮搭东南之猛戈，西北流至蛮搭寨东北，纳由西来之南拉小溪，东流入南雅河之西源）。东南流至广埔仉山麓，东折流经蛮桃榔、蛮孔、蛮宾、蛮戛、蛮禅，至蛮顷寨东，右纳西南由小猛崧西北山中流来之南顷河，东微北流经蛮迈、峦仔、涞皎、蛮董、景堪、蛮那，北东北折经蛮塂、景管、蛮岫，右纳东南由广景嶓山流来之南趵河，经景烈，左纳西由广岁壮山西北山中流经埔夏、庄尖、南钪方面而来之南钪河，折东北流经猛笼城子、蛮景满，右纳东南山中流来之南昂河，经蛮竜克、蛮那乃，右纳东由崐磨山上流来之南锻河，经养钪、蛮改、景慷，左纳西由母捨寨西南山流来之南先河，经蛮泌，左纳西北由龙丘岱、蛮蚌流来之南杯竜河，经蛮渤，左纳西北由龙丘、埔夏、蛮帅方面流来之南杯河，东折流经景法、崐鲊，至梭雁，右纳西南由广变乃山流来之泂勒小河，过此即为中、缅界河，东微北流经外域猛探，东北折流至呵晃，在关木山后南部，东注澜沧江。

罗梭江　发源宁洱猛先，在猛先名猛先河，南下名蛮老江，至整鲁曰整鲁江，南流经景劳、中董、整董，至此名曰漫盘江，经猛旺曰补远江，西南流经补冈，中坡河由竜得北部山中流来入之，经补远、蛮毷、蛮颡、龙骨（亦作陇谷，或译龙过），左纳东北由倚邦东北部山中发源之龙骨河，流绕孔明山而南，右纳西北由思茅西北部流来之大开河（大开河：由思茅西北三棵椿发源，东南流至猛乃河村，曰猛乃河，经蛮歇坝，至麻栗坪南，南现河东由新路坡流来入之。南流经大开河村，曰大开河，歹渤语原名曰南腾。至普腾城子南，右纳西北流来之南细河，俗称瘴气河，复南流为那板河，东折流至乍珙北部，左纳自东北流来之漫岔河，是为南现河。东南流经欠马丫口砦，于欠马砦之东部，注入罗梭江)，自生留西北流来之生留河，经石嘴，纳西北由漫漂东部山中流来之摩阳河，经漫贵、漫五，东折流至速底，左纳东北自倚邦南部山中流来之嵧崆河，东南流经漫空，南折纳磨者河（磨者河：在猛野坝一带，呼为猛野江，一曰猛倮河。其源为乌萨河，由倚邦东部山中发源，东南流至猛倮东南五里许之岔河地方，纳北来之戈砥宕河，亦名锅底洞河；东来之猪屎河，西南折经磨者，曰磨者河。由易武石乌龟北部，西注罗梭江。磨者河之下游，为思茅、镇越两县界河)，西南流经蛮冈、蛮乍，至猛岺曰罗梭江，歹渤语原名曰南般。西由猛宽流来之南哈河（南哈河：源出猛宽东部山中，此河为由猛宽至猛岺之唯一通道，河床高低不一，河流或深或浅，凡三十七渡，

旅行河中，极感困难，若遇山洪暴发，且少出路，一
至雨季，即易阻塞交通），于猛岭城子北部入之。南折
流，又西南流至广丙、摩等之间，纳东北由漫腊南部
山中流来之南醒河（南醒河：由漫腊南部山中小河边
地方发源，南流经茶王树曰茶王树河，至石棺材，纳
东来之猛乃河，复南流至三岔河，与补竜河——上游
为撒代河——相汇，曰南醒河，西南流至陇虎东南，
纳西北流来之南虎河，西流经猛醒蛮景董，由广丙山
下，西注罗梭江），西南流至宽罕西南，呵孔北岸，注
入澜沧江。

南腊河 有南北二源：北源为南杭河；南源为南
洩河。南洩河自尚勇东南拉罕隘西山中发源，西流经
马鞍山麓，北上尚勇、尚冈、磨歇、整歇，西北经大
小龙哈，至陇印西，与北由黄竹林、白象砦、猛伴流
经那卓、猛腊而来之南杭河相汇，曰南腊河。西折流
至猛捧，左纳南由猛潏流来之南潏河，西由猛润流来
之南润河而北流，至猛帕西，右纳东由陇岭流来之南
帕河，东北由猛远、蛮各流来之猛远河，西折流经广
埔弄，注入澜沧江。

南养河 其源有三：主源于攸乐山刺桐寨之西北
山中，西北流经那庄、猛养城子，由猛养坝子中部再
西北流，经蛮洪、大乐树、蛮仇、那外，东北折至泂
外，纳四十八道河（四十八道河，亦为南养河之一源。
其源有二：一源关坪之东；一源猛莽之东南，流至关
坪南部相汇合，曰四十八道河。沿河两山矗立，一水

湾环，凡四十八渡，故名。由关坪至猛养城子，约不
过六十里，在昔须涉陆两日，中无人烟，野象虎豹，
出没无常，行旅视为畏途。自经柯前总局长改道之后，
仅三四渡，一日即达，商旅称便。四十八道河南流至
三岔河地方，一水东来，一水南来入之——为南养河
之又一源——故至此又称三岔河。由此西微北折流，
经困养，西注南养河。夷人称为南养三梭，亦即三岔
河之意也），复西北折流，至萨朗西部山后，西折流注
澜沧江。

南些河　源出橄榄坝蛮团寨北部山中，南流经蛮
岫、蛮唎、蛮领，西南流经蛮法、戛竜灰，西折流经
蛮雁、蛮呵柯，纳北由泂龙流来之泂龙小河（泂龙小
河：源出泂龙寨南边，东南流经蛮迈丁塔、蛮那，西
折经蛮养、蛮戛钦，南折经蛮控、蛮杳，西南折经呵
些、苏钪，西南注入南些河），南折流经斐竜、珐瑯，
纳东北由蛮桂东部流来之南乜三十河（南乜三十河：
其上流为南果河，发源蛮桂东南山中，西北流至蛮桂
东，纳自东流来之南肯河，西南流经蛮桂、蛮泂赛考，
曰南乜三十河。南折流经蛮海、迈谷、养钪，西折流
至蛮珐瑯，南入南些河），南注澜沧江。

猛宽河　由攸乐山蛮海西北山中发源，东南流
经猛宽、蛮养，西南流经岜且、岜当两山间，南注澜
沧江。

牛屎河　原名南奔河，发源攸乐山刺桐寨之东南
山中，南流至蛮撒，西北折流经蛮蚌、媚旭、八角、

广别，至团山砦山南，蛮渤妄对面，西南流注澜沧江。

蔡阳河　由蔡阳河寨，一名卡高田发源，西流至滥坝河山脚，西南折流至蛮得东，注入澜沧江。

蛮洪河　由猛龙属广埔贺山西北发源，东北流至蛮拼，北复西折流至蛮洪，东北折流至景哈，由蛮冈寨东部，注入澜沧江。

南涡河　其源为南左亮河，由打鸠（或译打鳌，亦作打舟）西南山中发源，东北流至打鸠南，纳南由蛮坝卡方面流来之洞兑溪，北流至打鸠西，纳西由洞董西部山中流来之洞戛溪东北流，至蛮喈，纳西北由蛮母捨流来之南喈河东流，纳西南由蛮播西南山中流来之洞摆溪，至此方名曰南涡河。至蛮贺，纳东北由戈坝过洞浪流来之洞浪小溪，北西北折流经蛮蚌董、蛮珞迈，纳西北由戈坝过蛮迈流来之洞览溪，东折流注澜沧江。

南洗河　由蚌冈山发源，东流经弄粘、蛮迷，东注澜沧江。

南演河　又名地房河，由困蟒山南部发源，西南流经老范寨南后山，西南流注澜沧江。

南沧河　源出旧那巍山，南流经营盘砦，至整奈西南，纳由那独火流经那扁、那法而来之小溪，及西由黄草岭流来之黄草岭小河，南流经蛮门、蛮老，纳东北流来之南砼河，东南流来之南沆河西南流，纳南蟒河，至茅铺山下，曰茅铺河，西南流注澜沧江。

南潼河　源出弯角山与亮山之间，西流经旧衙门坡下，由新渡口北部，注入澜沧江。

中河　亦作钟河，泐名南累。源出官房东南平坝河，西流至花房山南，北折流经炮仗山东麓，纳东来之老邓河，绕至炮仗山北，纳东北由龙塘流来之龙塘河（泐名南涞），西北流入巴景大河（又名小黑江），西南流注澜沧江。

南邦河　其源为换桥河，出景宛（亦译整碗），西南流至竹林箐，竹林箐小溪由东北流来入之。过此转北东北方向流，纳南雅河（一源官房北之石门坎——马槽小河入之；一源自那柯洛西北，流注南邦河），由漫东山、小庐山之间北流，经龙竹棚、漫罗、坝塘、老公砦，西北折流至南宋，汇小黑江，西南流注澜沧江。

南门渠　分南北两渠：南渠在流沙河南，车里宣慰司西南二十里蛮斐竜西，由南渥河分流而出，北流溉蛮缅、蛮祷、戛洒，仍入南渥河；另由蛮祷分出一支，东流灌溉蛮顷、景蚌、蛮濛、蛮征、蛮英、景门，北东北折流溉蛮呵蚌、蛮室利满、景法、涞讽各寨，流潴涞讽湖。水位高，则北入流沙河。北渠在流沙河北，车里县城西北四十里之贺猛，由南戏河东源分流而出，东南流溉蛮啊、蛮萨、涞钪、泂索、蛮东老，东折溉蛮剌、蛮摩。至车里县城边，分为二支，一支穿市区而过，东入澜沧江；一支南溉景兰，而南入流沙河。南北两渠，共长约八十里。

温泉　车里、佛海、南峤、宁江各地，多属火山地带，温泉随在皆有。大都为硫磺泉，硫磺气味，甚为浓厚。兹略举如下:(1)蛮蚌温泉:在车里县猛笼乡，距猛笼土司东北约四十里，南杯竜河两河源间之蛮蚌寨（又名猛笼小街）。温度甚高，可汤拷鸡猪羽毛。(2)戛董温泉:在车里县城西二十余里戛董街西，车、佛通道之路旁，有数处，温度由华氏表九十二度至九十八度不等。(3)亚康温泉:在佛海县东北十三里，蛮亚康西北，蛮蚌寨北约二里许之田坝中，北凭流沙河，温度为华氏表一百一十二度。民国二十三四年间，佛海人士，建有浴室宿舍，现已圮。(4)蛮昌温泉:在亚康温泉东约五里流沙河中，冬季水浅时，方能获见，水深时则不可见也。(5)蛮咧温泉:在宁江设治局西约八里之蛮咧村后小山谷中，温度为华氏表一百三十七度。泉出山谷高处，可用笕槽引导沐浴，甚为方便。(6)猛阿温泉:在宁江猛阿乡南朗河西岸，距猛阿土司二里许，赴那买之路旁田坝中，其西南为毗珙山，泉温为华氏表一百五十四度。(7)蛮奔温泉:在佛海县城西北二十里之蛮奔村外。

五　气　候

十二版纳，位北纬二十一度与二十三度之间，在北回归线以南。地居热带，而气候温和，无大暑大寒，并不若一般人心目中想象之酷热溽暑。各地气候之寒燠，因于纬度之高低者微，关系于海拔之高低者著。如车里、佛海两县城，所居纬度同，相距亦仅五十公里，第因车里海拔低（一千八百英尺），佛海海拔高（四千英尺），六月份之平均气温，车里为八十五度，而佛海仅七十三度，有十二度之差。自滇缅公路交通后，凡曾旅行于缅境者，对于曼德礼与眉苗暑凉之相悬，亦人人能言之也。十二版纳，山岭起伏，各地海拔高低不一，故气候亦致不齐。其海拔在二千英尺上下之地区，如车里县属之九江坝、橄榄坝、猛笼坝、猛宽坝；宁江局属之猛往坝；镇越县属之猛峇、猛醒、猛腊及猛捧等坝子，自较炎热，温度最高可达华氏表一百零八度（摄氏四十二度二强），然一年之中，最多不过二三日，而一日之中，最长不过一二时；最低为五十度（摄氏十度）。其他各地，如车里县属之猛崧坝；佛海县属之猛海坝、猛滑坝、猛昂坝；南峤县属之猛遮坝、顶真坝、猛翁坝；六顺县属之官房、龙塘；镇越县治所在之易武等；海拔大都在四千英尺以上，气温较低，最高九十七度（摄氏三十六度一强），最低三十三度四（摄氏零点七度强），长年平均约在华氏表六十至七十度之间，最称温和。其他海拔在三千英尺上下之各坝子，如车里县属之小猛养坝；思茅县属之普滕坝；六顺县属之整奈坝；南峤县属之猛满坝；佛海县属之猛板坝、景洛坝；宁江局属之猛阿坝，其气温则在两者之间。全境雨水调匀，无旱无涝。一年之中，大概可分干湿二季。由立夏至立冬为湿季，由立冬至翌年之立夏为干季。降雨量以阳历五月至九月等五个月为最多，占全年雨量百分之八十三强；十二月至次年四月等五个月为最少，占全年雨量百分之八；十及十一两个月雨量，占全年雨量百分之九弱。全年降雨日数，就佛海象山镇多年来之记录，平均为一百五十四日弱。雨量平均得一千三百四十八公厘强。风向以西南为最多，东北次之，东南又次之，正南风最少。冰雪皆无，霜威亦鲜。雹在三四月之交，间一有之。冬春多雾，全年有雾日数，达百分之五十以上，低地尤甚。冬季期间，各低地坝子，每日自二十一时起，至次日十二时之间，大都在浓雾笼罩之中，气温低降，不见阳光。山间高地则反是，天明即日光普照，温暖如春。故冬季高山晨间气温，常较低地坝子晨间之气温为高；夏季高山日间气温，则较坝子为清凉。冬暖夏凉，且少蚊蝇，甚适宜于健康居住。

内地人士之旅居十二版纳者，多畏雨季，每届清明，即摒挡作归，不敢打雨水，度雨季。亦甚畏晨雾，不敢早起，曰：怕瘴气。再则曰：烟瘴地方，气候不好，吾人惑焉。因于民国二十一年起，于佛海开始作气候之记录。当时，除温度计外，如量雨器、风向器等，均系就地自制。二十五年，中央研究院寄赠量雨器、湿度计，由傅孟康君负责记录以来，其数字较前精确。兹将多年来纪录所得总平均数，列表于后，以为十二版纳一带气候之参考，是知边地气候，仍与同地理环境之内地气候无殊，藉明气候不好说之并无科学根据，而所谓瘴区者，亦不若传说之可怕也。

佛海县象山镇气温雨量表

月份	最高气温（华氏度）	最低气温（华氏度）	平均气温（华氏度）	雨量（公厘）	雨天日数
一月份	82.25	33.40	55.24	3.06	1.25
二月份	84.75	33.40	57.10	22.70	6.00
三月份	94.40	38.40	62.90	14.75	4.25
四月份	97.00	43.50	71.10	44.20	5.75
五月份	94.40	53.00	70.10	236.50	20.00
六月份	91.00	62.50	73.00	152.32	22.25
七月份	88.30	63.90	72.30	259.73	27.75
八月份	89.00	62.00	71.96	312.14	25.00
九月份	89.00	57.60	70.69	159.42	19.50
十月份	88.20	46.10	66.90	53.82	8.50
十一月份	87.00	46.50	64.50	63.14	10.80
十二月份	80.00	37.50	57.87	26.60	2.80
全　年	97.00	33.40	66.14	1348.38	153.85

　　至于边地居民疾病之所以较多，死亡率之所以较高，人口增加率之所以低微，就著者数十年来考察及研究之所得，认为最主要之原因，实由于饮料水之不能适合于卫生，而疟蚊之传播疟病，尚在其次。边地居民，普遍饮用冷水，其饮料用水，取之于河川沟渠及低浅水井。民国三十年，曾将边民饮用之水料，作

一次细菌之检查及化验，发现各种饮料水中，皆有极
丰富之伤寒、霍乱菌及痢疾原虫等等，而井水多属硬
水。须知疟蚊不常有，而不合卫生条件之不洁饮料，
则不可一日或离，平时已不断予身体以戕残，一旦再
染疟痢伤寒，自然加重病势，又乏医药，不免容易死
亡。一般人不明究竟，遂以瘴区目之，视为畏途。今
后负责边政之人，以及边地有识之士，如能对边民饮
料水作普遍之改善，再设法扑灭蚊蝇，充实医药之设
备，则边民健康，即不难增进；边民死亡比率，不难
降低，内地移民，亦尽可打雨水，度雨季，而不致有
所谓瘴气之伤害，而与内地齐观矣。

六　历　法

　　十二版纳正式入我国版图，虽有六百数十年之历
史，第羁縻之而已。且叛服靡常，或臣于缅、暹，或
循例入贡，直至清末，犹不脱半自主状态。逮遮、顶
乱平，分区设治以来，始脱离土司治理，而加入大中
华民国之政治体系。然为日尚浅，其受缅、暹文化
（间接的印度文化）之渲染仍深，故至今犹沿用与缅历
大体相同之一种祖腊历（Chulasakhkaraja），又称小历，
即所谓摆夷历，亦即俗称缅历者。而其实与缅甸历迦
车般车（Kachapancha），又有所不同。民国三十年辛
巳，阴历三月十九日（清明后十日），公元一九四一年
四月十五日星期二，缅历一三〇三年正月黑分初五日，

为其一三〇三年六月黑分初三日元旦。又缅历以偶数之月为大月，奇数之月为小月；而祖腊历则以奇数之月为大月，偶数之月为小月。缅历置闰固定于五月，祖腊历置闰固定于九月。

祖腊历纪元于唐贞观之十三年，即公元六三九年。纪元起因，已难确考，或曰佛灭后六百二十二年，蒲甘王阿奴律陀（Anowratha），又称叭阿砦云摩逻阁，简称八云者（Phaia Nolahta 或 Phaia Achai Htanmaraja）重新改订，另立纪元。其后，沿用至五百六十年时，复重立纪元一次。先后共减去一一八二年，是为祖腊历之开始，或曰：缅历之产生于公元六三八年三月，当归功于古时蒲甘王布波修罗汗（Popasawrahan），或谓系缅甸某朝之印度观象家所制定者，而祖腊历则仿自缅历云。

僧王司历数，掌授民耕种之时，颁布历本。于日月薄蚀，星孛隐见，类多能测知之。分年为寒、暑、雨三季，以一、二、三、四等四个月为寒季，曰剌鲁猱（Raluhnaw）；五、六、七、八等四个月为暑季，曰剌鲁鸾（Raluloan）；九、十、十一、十二等四个月为雨季，曰剌鲁雰（Raluhfun）。季各四月①。月大三十日，月小二十九日。以一、三、五、七、九及十一等

---

① 暹罗所用小历，寒季起十二月十六日，至四月十五日，共四个月；暑季起四月十六日，至八月十五日，共四个月；雨季起八月十六日，至十二月十五日，共四个月。又一分法：寒季自十一月起，至一月止，共三个月；暑季自二月起，至四月止，共三个月；雨季自五月起，至十月止，共六个月。十二版纳，亦有类似后一种之划分，通常将寒暑两季合并，称为干季；雨季之六个月，称为湿季。均分一年为干湿二季。

奇数之六个月为大月；二、四、六、八、十及十二等偶数之六个月为小月。每月分为四周，每周七日或八日：凡初一、初八、十五、二十三，或初八、十五、二十三及月杪，皆为星日（Vansin），亦即戒日。又一分法：每周七日，星期起讫，与现今世界各国通行之星期，完全相同。称日曜日曰：Van Dit；月曜日曰：Van Can；火曜日曰 Van Gan；水曜日曰：Van But；木曜日曰：Van Phat；金曜日曰：Van Suk；土曜日曰：Van Sao。周年三百五十四日。又因太阴自合朔绕地球东转一周，复至合朔所历之时间，即太阴绕地球东转之太阳周时，为二九·五日、三○·五日，以是积三年即有一日之余。此积余之一日，置于偶数之八月，而增是月为三十日，周年增为三百五十五日。若干年后（大约三十年），除于八月增一闰日外，同时尚须增一闰日于偶数之十二月，而增是月为三十日，周年增为三百五十六日。祖腊历以月绕地球定历法，每岁较少于地球公转之期约十日有奇，故亦有积以置闰，以正节候之法。平年十二月，闰年十三月。三年一闰，五年再闰，十九年七闰，由甲子至癸阁六十年间，凡置二十二闰，与中历大体相同。第中历置闰之月，年各不同，有置于二月者，有置于三月者，有置于四、五、六、七、八、九、十等月者，须经精密之推步，视是月之有节无中者，方得置闰。至于摆夷通地之祖腊历，则概置闰于九月，曰：转双告（Plisoangklao），呆板固定，此为稍异。又中历既望，为其十五；中历

40

朔日，为其月晦，与中历有一日之差。呼初一日曰：
"楞浸"，译言朔日，或白分一日；初二日曰：月上二日，
或白分二日；以至于十四日，曰：月上十四日，或白
分十四日；十五则曰："楞饼"，译言月圆之日，或曰
满日，是为上半月，称之曰"胆"。十六日曰：月下一
日，或黑分一日；十七日曰：月下二日，或黑分二日，
以此类推，以至于月晦，曰：月末之日，或曰：眺日，
是为下半月，称之曰："胧"。以六月为岁首，而以每
年之五月黑分初一日为新岁之开始，或即为纪念祖腊
历产生之日。是日更易岁属干支，增加纪年之数。祖
腊历虽开始于每年之五月黑分初一日，而仍谓为以六
月为岁首者，盖以元旦之举行，通常在其六月白分之
内，或即西域记所谓"黑前白后，合为一月"故耶？
祖腊历五月黑分初一日，约当中历二月十五日，民国
三十年辛巳阴历二月十五日起，至三十一年壬午阴历
二月十四日止，为祖腊历之一三〇三年，岁在辛巳。
干支甲子，与中历无异。亦有十二生肖，唯易兔为逻
阁希（言系兽中之王，相当于我国传说中之麒麟，或
亦指狮），易猪为象，稍有不同而已。祖腊历元旦节
日，通常在清明后十日。祖腊历之元月，为中历之十
月，并表列于下：

中历及祖腊历月份对照表

	（中历）			
	十月 十一月 十二月	}	冬季	
	正月 二月 三月	}	春季	
	四月 五月 六月	}	夏季	
	七月 八月 九月	}	秋季	

刺鲁徕（寒季）	一月 二月 三月	
刺鲁鸾（暑季）	四月 五月 六月 七月 八月	
刺鲁芬（雨季）	九月 十月 十一月 十二月	

（祖腊历）

附自民国元年至三十八年，中历与祖腊历置闰对照表

中历纪元	元年	二年	三年	四年	五年	六年	七年	八年	九年	十年	十一年	十二年	十三年	十四年	十五年	十六年	十七年	十八年	十九年
中历置闰			闰五月			闰二月		闰七月			闰五月			闰四月			闰二月		闰六月
祖腊纪元	二七四年	二七五年	二七六年	二七七年	二七八年	二七九年	二八〇年	二八一年	二八二年	二八三年	二八四年	二八五年	二八六年	二八七年	二八八年	二八九年	二九〇年	二九一年	二九二年
干支	壬子	癸丑	甲寅	乙卯	丙辰	丁巳	戊午	己未	庚申	辛酉	壬戌	癸亥	甲子	乙丑	丙寅	丁卯	戊辰	己巳	庚午
祖腊置闰		闰九月			闰九月		闰九月			闰九月			闰九月			闰九月		闰九月	

中历纪元	二十年	二十一年	二十二年	二十三年	二十四年	二十五年	二十六年	二十七年	二十八年	二十九年	三十年	三十一年	三十二年	三十三年	三十四年	三十五年	三十六年	三十七年	三十八年
中历置闰			闰五月			闰三月		闰七月			闰六月			闰四月			闰二月		闰七月
祖腊纪元	二九三年	二九四年	二九五年	二九六年	二九七年	二九八年	二九九年	三〇〇年	三〇一年	三〇二年	三〇三年	三〇四年	三〇五年	三〇六年	三〇七年	三〇八年	三〇九年	三一〇年	三一一年
干支	辛未	壬申	癸酉	甲戌	乙亥	丙子	丁丑	戊寅	己卯	庚辰	辛巳	壬午	癸未	甲申	乙酉	丙戌	丁亥	戊子	己丑
祖腊置闰		闰九月			闰九月		闰九月			闰九月			闰九月			闰九月		闰九月	

第三章 居 民

一 户 口

十二版纳各县局户口，自民国元年以来，历经调查，唯因各县局行政经费，系按户捐收，在人民企求减轻负担，主持征收之人，又不免贪污中饱，两重关系之下，不无以多报少情事。民国二十七年，著者参与佛海户口调查，调查完毕后，曾大略统计，计：猛海区二三九七户，猛遮区二五五五户，猛板区五七一户，打洛区三六一户，共五八八四户。正整理中，昆明行营电令出国考察。翌年归来，见县府呈报上级数为：猛海区二二二八户，猛遮区二四二七户，猛板区五三六户，打洛区二七四户，共五四六五户。询诸承办户籍者，则言已被县长抽去百分之七强云！闻其他附近各县，亦有类此情形，其被主管官抽去户口数之百分比，尚远较佛海被抽去之数字为大。三十七年，著者就车里一县户口，重新调查，查出漏丁漏户极多，全县丁口，约计得五万数千人。惜全部资料，陷于大陆，无法据以更正。因此，目前吾人所能获见之十二版纳各县局户口数字，仅能得其大概，尚不能认为精确。尤其在征兵制发生流弊以后，对于各县局户口之确实性，更成疑问矣。

　　其民国元年，初设行政时，编查之户口资料，早已无从获得。民国十二年之调查数，统十二版纳八行政区计算，凡三万九千六百八十一户，男八万四千六百七十四丁，女八万三千七百一十七口，共计十六万八千三百九十一人。内计僧童一万三千一百八十六人，约占全人口百分之八弱。民国二十二年，民政厅调查数，较十二年调查数显有增加者，则因加入思茅原有丁口一万三千八百四十一人之故，计为户凡四万零九百五十三，男八万七千八百一十八丁，女八万六千五百二十七口，共十七万四千三百四十五人。二十七年，各县呈报云南省政府之数，减为三万九千一百七十九户，男七万六千八百七十四丁，女七万七千九百八十口，共十五万四千八百五十四人。三十年以后，因征兵发生流弊，各县所报上级之丁口数字尤减，共仅十四万三千零三十人。兹将民国十二年、二十二年及二十七年，各年调查数，分别列表于后，以供参考。

民国十二年，普思沿边行政总局调查数

第一区治车里	9556户	男23963丁 女22518口	共46481人
第二区治猛遮	6255户	男13820丁 女13653口	共27473人
第三区治猛海	5539户	男13550丁 女14113口	共27663人
第四区治猛往	3230户	男3108丁 女3709口	共6817人
第五区治猛捧	3663户	男6776丁 女7692口	共14468人
第六区治倚邦	3540户	男6502丁 女5747口	共12249人
第七区治黄草坝	1502户	男3401丁 女3238口	共6639人
第八区治官房	6396户	男13554丁 女13047口	共26601人
总计	39681户	男84674丁 女83717口	共168391人

民国二十二年，云南民政厅调查数

车里县	7559户	男20620丁 女20539口	共41159人
五福县	7166户	男12981丁 女12127口	共25108人
佛海县	5513户	男11493丁 女10821口	共22314人
临江设治局	2072户	男4345丁 女4540口	共8885人
镇越县	5150户	男8855丁 女8749口	共17604人
六顺县	6634户	男15487丁 女15751口	共31238人
思茅县①	5575户	男12111丁 女12113口	共24224人

---

①思茅县丁口内，包括有旧普文县丁口一万零三百八十三人在内。

| 整董区 | 1284户 | 男1926丁
女1887口 | 共3813人 |
| 总计 | 40953户 | 男87818丁
女86527口 | 共174345人 |

民国二十七年，各县呈报省政府之户口数

车里县	8775户	男16438丁 女16479口	共32917人
南峤县	6107户	男11694丁 女11566口	共23260人
佛海县	5465户	男11913丁 女11623口	23536人
宁江设治局	2072户	男4345丁 女4540口	共8885人
镇越县	4907户	男7740丁 女8240口	共15980人
六顺县	5285户	男12042丁 女12352口	共24394人
思茅县①	5284户	男10776丁 女11293口	共22069人
江城县属整董区	1284户	男1926丁 女1887口	共3813人
总计	39179户	男76874丁 女77980口	共计154854人

　　十二版纳全境，即旧普思沿边八行政区范围，总面积约二万五千余平方公里，实际人口，当不下二十万②。每平方公里现仅有居民八人。每平方公里，最低度以容

———————

①思茅县丁口内，包括有旧普文县丁口一万零三百八十三人在内。

② 根据二十七年各县呈报省政府之户口数共为一五四八五四人，减去思茅旧有之一一六八六人，十一境内，即旧普思沿边行政区范围，仅一四三一六人。但此一四三一六人，系曾经两度抽减之结果。

　　各乡镇报县府之数，通常为八成，各县府转报省府之时，又再减去一成，所以报到省府之数，仅有七成。

　　如果将各乡镇抽减之二成，及县府抽减之一成加上计算，当不下二十万人。

纳四十人计，至少尚可增加八十万以上之移民也。

二 民 族

　　十二版纳居民族类，向称复杂。明史谓为倭、沙、貉玀诸蛮所杂居。明书曰："车里军民宣慰司，古车里蛮地，后倭泥、貉玀、黑角杂居之。"蛮司志曰："车里为倭泥、貉玀、蒲刺、黑角诸蛮杂居。"倭即倭泥，近译窝泥，为罗么群之一支；沙当指沙人，属摆夷族类；蒲刺建水、石屏、江外一带地区有之，十二版纳境内，现已罕见；黑角或就其头饰言，倮黑、阿卡、黎苏之类；唯不知貉玀为今之何族。今则杂居摆夷、沙人、罗罗、乡壇、窝泥、黎苏、阿卡、倮黑、攸罗、埔远、阿克、宽喀、克老、老品、卡康、蒲蛮、老本、茶蛮、埔夏、卡摩、卡瓦、苗子及傜人等二十余种之多。而摆夷之中，又有水摆夷、汉摆夷及花腰摆夷之分；窝泥之中，有白窝泥及黑窝泥之分；阿卡之中，有布里阿卡、吉座阿卡、平头阿卡、墮备阿卡、摩打阿卡及三达阿卡之分；倮黑之中，有大倮黑、黄倮黑及汉倮黑之分；卡康之中，有浪速、息洞及才瓦之分；苗子之中，有白苗及花苗之分；傜人之中，有顶板傜及蓝靛傜之分，其分至繁，然大都为不必要之区分，并无科学根据。如平头阿卡、大倮黑、黄倮黑、白窝泥、黑窝泥、花苗、白苗、顶板傜、浪速、息洞及才瓦等，系以装束服饰分；水摆夷、汉摆夷及花腰摆夷，

1 水摆夷贵族（服饰现代化）

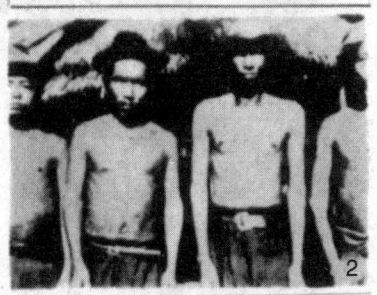

2 水摆夷男子（有纹身）

6
水摆夷少女
（城市装束）

5
水摆夷妇女
（乡村装束）

4
水摆夷妇人
（乡村装束）

3
水摆夷男子
（乡村装束）

11　10

7　汉摆夷少女　8　花腰摆夷妇人

12

13	12	11	10	9
束妇之装	阿卡男	女歌舞	黎苏妇	人盛装	黎苏女	盛装	黎苏少女	夷少女	花腰摆

13

7

8

9

19 倮黑男妇之装束

14 阿卡男子及其烟斗
15 阿卡村长及其女公子
16 阿卡妇人之盛装
17 阿卡妇女之盛妆赶街
18 倮黑妇女盛妆赶街
19 倮黑男子之歌舞

20 卡康妇女之装束

28	27	26	25	24	23	22
其两女子及	小孩	蒲蛮男子及小孩	束傜人青年男	僮人盛装	束白苗少女装	白苗男子之装
卡瓦男子及				白苗少女	白苗少女装	

束之花21
装苗

系以服饰居地及与他族之文化交流程度分；三达阿卡及埔远，系以居地分；吉座阿卡，系以初迁来边之始祖名氏分；蓝靛傜系以从业分等。若就其语言惯俗之异同，以及肤色体格面型之结构考之，大概可以归纳为泰掸、藏缅、苗傜及孟克四语族系统。

泰掸语系之水摆夷，有文字，有政府，有优良之社会组织及土地制度。文化水准，于诸族中为最高，设治以前，十二版纳之最高统治者也。汉摆夷亦另有歹妟文，男妇勤苦耐劳，妇女尤为勤俭，且善居积，男子辈多仰给之。花腰摆夷亦然。沙人系由桂、越边境移来者，人数甚少。水摆夷自称曰："歹泐"，歹为其族名。暹罗或作吐气音曰"泰"。"歹"或"泰"之含义，据称为高贵，为自由，盖自许为高贵的自由的民族也。旧为避用摆夷一名，据明、清载籍，代以僰人，后得悉秦、汉以来的僰人，即唐、宋时的名家或白蛮，元时的白人及明、清以来的民家，与歹族不类。"夷，平也。""夷者，柢也，言仁而好生，万物柢地而生，故天性柔顺，易以道御，至有君子不死之国焉。"舜，东夷之人也；文王，西夷之人也。"夷"，非恶名也。兹为便于区分及说明，故本书仍沿用摆夷一名。泐为地名，摆夷族于十二世纪末，建泐国于十二版纳，遂自称"歹泐"人。旧作水摆夷，不知名所由来。《普洱府志》曰："妇女日赴清流沐浴，故曰水摆夷。"对于旱摆夷之下，则不见有何解释。其实旱摆夷之妇女，又何尝不日赴清流沐浴。不过旱摆夷，大都为汉族混种，汉父夷母，受汉化较深，为汉人礼教所束缚，不敢在众目睽睽之下，如水摆夷妇女之公然裸浴耳。旱摆夷自称曰："歹㚢"，㚢之义为上方，为北方，盖言上方或北方之摆夷也。按旱字当为汉字同意之误，盖谓其为已受汉化，及与汉族混血之摆夷也。滇西一带之汉摆夷，称汉人曰："伽"（Chye），自称曰"伽歹"，亦即汉摆夷之谓。至水摆夷命名之由来，当为因"汉"误为"旱"，由"旱"之对称上得来，欲圆其说，遂附会到日赴清流沐浴上面。疑"水"当作"纯"，为尚未汉化，及与汉族尚未发生混血，或混血比较稀少之纯摆夷族也。花腰摆夷：则因其妇女上衣当腰之部，喜绣花一周，故汉人遂呼之为花腰摆夷，或简称花腰。其自称曰："歹雅"。沙人亦自称"歹雅"。对外族则仅自称曰："歹"。戈罗：原居暹罗北部景海、景迈一带，自称曰："歹允"，亦作"歹永"，即华夷译语中之永族。泰语曰："佬"，移入不多，抗日战起，已陆续迁回。摆夷之居住于十二版纳者，概散布于低湿平原，水田丰富之坝子地区。如：车里县之九江坝、橄榄坝、猛笼坝、猛宽坝、猛养坝及猛崧坝等；佛海县之猛海坝、猛滑坝、猛板坝及景洛坝等，南峤县之猛遮坝、顶真坝、猛满坝及猛翁坝等；宁江设治局之猛往坝、猛阿坝及猛康坝等；六顺县之整奈坝、龙塘坝、麻栗坪坝、猛莽坝、景控及小橄榄坝等，镇越县之猛岜坝、陇虎坝、猛醒坝、猛远坝、猛帕坝、猛腊坝、猛捧坝、猛伴坝、猛漭坝、猛润坝及陇印、龙哈、磨歇、尚冈、尚勇一带坝子；思茅县之猛旺坝及普腾坝；以及划属江城县之整董坝等地。此方摆夷呼欧、美、印度人曰："咖啦"，意为海外之人。呼汉人曰："和"，盖古代摆夷用以称南诏者。其古籍中另有一名曰："金"，与暹罗、老挝今称同，当为来自印度震旦一名之转译。

藏缅语系之居住于十二版纳者，以罗么群之阿卡族之人数为最多，倮黑次之，攸罗又次之，黎苏人数最少。阿卡自称曰："戈"，摆夷因呼之为"卡戈"。"卡"之义为俘、为奴，阿卡败于摆夷，为摆夷所统治，故摆夷呼之为"卡"也。阿卡败于水摆夷之后，水田为摆夷所夺，较低山谷，则先住有蒲蛮族人，遂被逼而窜居较高之山岭，恃栽种旱稻为生。年远代湮，已习惯高山气候，不耐低湿暑热，反认其先人惨淡经营之原野为不可居，居则病则死，而安于高山，不再与摆夷族斗争矣。阿卡山地，距村落尝一二十里，妇女往返山榖地中，或远赴市场交易，为珍惜往返步行时光，时携手锭纺纱，且行且纺，以免整个时间，白浪费于步行往返程途之中。山岭路窄，道旁草长，足以牵挂纱丝，有碍妇女抽捻，于是山僻小径，皆经村中男子，辟为五尺康庄，坡度亦颇能依山势为合理之倾斜，以便利妇女辈往来纺纱工作。初旅边境之人，每每误认宽敞整饬之阿卡种山地通路为官马大道而误入者，盖比比也。迁入十二版纳之阿卡，据言以吉座阿卡为最早。自其第二十七世始祖吉座，由大理经他郎（即今墨江县）迁居来边，已二十五代。布里阿卡，迁入较后，仅十四代，来自他郎。阿卡王族后裔车罗，属布里一系，现犹居住于南峤县之南弄山上，每若干年，各地阿卡，均须前往朝贡一次。阿卡居地，分布甚广：车里县之南糯山、三达山、南奔乡，橄榄坝之阿卡山，猛笼乡之边界一带山地；佛海县之黑龙塘、苏岭山、广冈、岜亮、蛮禄、蛮昔各山；南峤县之猛遮、蛮别、旧笋、蛮迈兑等乡，而以南弄为其中心；镇越县猛岌乡之旧陇及广丙，猛腊乡之叭竜坎、补竜、丫口大寨及猛捧、易武等乡镇之间；宁江设治局属之坝颊、那格、蛮浪、贺见等地，皆有阿卡之村落散布焉。阿卡有父子连名之俗。布里、吉座，同一始祖，其第一世始祖曰：梭米倭。其连名世系，别详第九章第八节，兹不赘录。攸罗人自称其族曰："罗"，亦译作"乐"，摆夷呼之为"卡罗"。摆夷语谓居住曰："攸"，因谓其聚族而居之所在曰："攸罗"，近今通作"攸乐"。既以名山，亦以名人。攸罗人中之受汉化深者言曰："攸罗者，丢落也。"谓为武侯所丢落也。自言为中土人，先世随武乡侯南征戍此，蜀亡，遂家焉。娶夷妇，习夷礼，从夷俗，至于今，几不知中华为何物，汉人为何如人也。唯孔明，妇稚皆知，问其名，未有不肃然起敬者，咸呼之为孔明老爹云。著者访问攸罗，确有其崇拜之偶像，但与上说有异。按攸罗人为罗么群之一支系，亦有父子连名之习俗。阿卡、攸罗，应即为南诏之真正遗民。所谓中土者，当即指南诏。随武乡侯戍此者，附会之言耳。其语言近阿卡。倮黑人自称曰："喇胡"，或曰："喇胡拔"。摆夷呼之为"母捨"，疑即么些之变音。倮黑一名，当为其自称之异译。其大本营在澜沧县。散居十二版纳者，生活简单艰苦；黄倮黑尤甚。

康人亦作亢人，或称老亢，自称曰："秦幡"。有浪速、息洞、才瓦之别。在缅甸呼为卡钦，或作卡侵及开钦；滇西呼为野人，摆夷呼之为"卡亢"或"卡康"，其大本营在野人山及木邦一带。妇女剪发，上衣如我国之对襟马褂之未加领条者。下裳至胫。腰间膝际，满环以鬃漆藤环，以为妆饰。或曰：即说部中所谓"藤甲兵"之苗裔也云。居于南峤县靠宁江方面之边境山中，人数甚少。罗罗亦作倮罗，在六顺又称大头，在倚邦、易武一带称乡壇，亦作湘潭、乡唐、香谈或乡堂，散居镇越最多。窝泥、黎苏（亦作栗粟），整董、倚邦一带有之。窝泥亦作窝尼，旧作倭泥。有白窝泥及黑窝泥之分：白窝泥在江城、墨江称为华约；黑窝泥在思茅、宁洱方面，称为布都或麻黑。阿克聚居车里、猛宽之南部山中岜且、岜当、漫奎、宽罕等寨；少数散居于打鸠西南，南涧兑溪之源，及镇越、佛海两县境。居住于佛海县者，人数尤少，其寨子位于蛮果蒲蛮寨之西部山中，仅二十余人，行将绝减。克老居整董；宽喀居车里；老品居南峤，人数均甚少。

　　苗傜语系之苗、傜两族，大都系由黔、桂一带移来，傜人中之娴习汉书者，自言乃尧皇帝之裔，故曰尧人，被汉人书作傜，殊不合云。问所从来，则曰广西泗城府。读汉书，习汉礼，供天地祖先，元旦贴春联，一举动皆有汉人风味，盖受汉化者久矣。苗子及瑶人，所居皆崇山峻岭，当为最后移入，较低山地，已为阿卡、倮黑、蒲蛮等族所占据，不得不窜居海拔较高，尚无人垦殖之山地。民国以前，以种鸦片为生。人数众多，约万余人，散居车里、佛海、南峤、六顺、镇越、倚邦等地高山。民初历行烟禁，多数向外界迁移，目前居住界内者，已为数无多矣。

孟克语系之居住于十二版纳者，以瓦崩群之蒲蛮为最多，散居南峤、佛海、车里、六顺、镇越、旧普文及宁江等县局较低山地。而以南峤之蛮迈兑、西定、南楞；佛海之蛮必、蛮峨、蛮果、遮良、蛮辛弄、蛮牙、蛮三、蛮甬一带为其聚居之中心。老本之语言似蒲蛮，但彼族不愿与蒲蛮认为同类，言定居十二版纳最早，为原始本地人，故自称曰本人，或称老本，六顺、镇越山间有之，已渐汉化。蒲蛮则受摆夷同化，服摆夷服装，读摆夷文佛经，奉摆夷式之小乘佛教，有摆夷式之佛寺，外表观之，与摆夷无二，因之，遂有人误认蒲蛮为山摆夷者。蒲蛮自称曰"蛮"。言五千年前，其始祖法空弄哦者，由东北方来，即定居是邦。摆夷族人主十二版纳之前，"蛮"族已被南诏所击败，逼居山地，为山地居民，故后来之摆夷，遂称之为"埔蛮"（Bu Moan）。"埔"之训为山，义为山居之"蛮"族，而吾人作蒲蛮、蒲人或濮曼也。茶蛮，亦作汊骲，居镇越南部之蛮各一带。埔夏，一作埔沙，居车里猛笼乡之北部及西部山中。卡摩自称曰"摩"，摆夷呼之

为"卡母"（Kha Mu），卡摩呼摆夷为"暹"。相传来自
越南、老挝之猛洒，散居车里县之蛮博嶍养、蛮博虎
哈等寨，人数甚少，不及百人。卡瓦：南峤、佛海均
有之，人数亦少，迩来涵化甚速，多已不愿自承其为
卡瓦也。

　　至各民族之特征：即泰掸系之摆夷，大体略如华
南汉人，身躯较华北、华中之人为矮小，鼻较平，唇
厚，发际低，肤色黄褐；藏缅系如阿卡人之躯干，则
比较高大，鼻较高较狭，肤色黄褐或暗褐，语言多鼻
音，引吭高歌，山谷为应，与藏人高歌时之情况无二
致；苗人之肤色稍较白皙，与汉人同；孟克语系之蒲
蛮、卡摩，身躯较矮，肤色暗褐微黑，面型亦不同。
兹将各民族略分为如下表：

十二版纳民族分类表

(1)泰掸语系	摆夷群	摆夷（歹）	水摆夷（歹泐） 汉摆夷（歹耎）
	沙人群	沙人（歹）	花腰摆夷（歹雅） 沙人（歹雅）
(2)藏缅语系	罗么群	罗罗	罗罗 乡壇
		窝泥	白窝泥 黑窝泥
		黎苏	黎苏
		阿卡（戈）	布里阿卡 吉座阿卡 平头阿卡 隋备阿卡 摩打阿卡 三达阿卡

续表

		倮黑 (喇胡)	大倮黑 黄倮黑 汉倮黑
(2) 藏缅语系	罗么群	攸罗 (罗)	攸罗 埔远
		阿克	阿克 克老 宽喀 老品
	卡钦群	卡康 (康)	浪速 息洞 才瓦
(3) 苗傜语系	苗傜群	苗子 (苗)	花苗 白苗
		傜人 (傜)	顶板傜 蓝靛傜
(4) 孟克语系	瓦崩群	蒲蛮 (蛮)	蒲蛮 (蛮) 老本 (本人) 茶蛮 埔夏
		卡摩 (摩)	卡摩
		剌瓦	卡瓦

至各族在十二版纳全人口中所占之百分比，则泰
掸语系，占百分之六十点二六，为数最多；次即汉人，
占百分之十七点五九；又其次为藏缅语系各族，占百
分之十三点一一；孟克语系各族占百分之七点六九；
苗傜语系各族，占百分之一点三五，为数最少。并细
分如下表[①]：

---

①车里、佛海、南峤、镇越（包括原第五行政区全区及由第六行政区内划属
之易武一区）、旧普文（包括原第七行政区全区及由第六行政区内划属之倚
邦、竜得两区）五县，及整董一区之人数，系根据民国十二年调查之资料；
六顺及宁江两县局之人数，系根据民国二十二年，民政厅调查之资料。

种族列	车里县 人数	车里县 百分比	佛海县 人数	佛海县 百分比	南峤县 人数	南峤县 百分比	六顺县 人数	六顺县 百分比	镇越县 人数	镇越县 百分比	宁江设治局 人数	宁江设治局 百分比	旧普文县 人数	旧普文县 百分比	整董县 人数	整董县 百分比	总计 人数	总计 百分比
水摆夷	34527	74.3	16370	59.2	15144	55.1	12910	41.4	8045	42.0	4800	54.0	4255	41.0	1520	39.8	97571	55.72
汉摆夷	1750	3.8	280	1.0	1064	3.9	814	2.6	977	5.1	175	2.0	415	4.0	190	5.0	5665	3.24
花腰摆夷	350	0.7	–	–	–	–	–	–	1724	9.0	–	–	40	0.4	–	–	2114	1.21
沙人	–	–	–	–	–	–	–	–	170	0.9	–	–	–	–	–	–	170	0.09
以上泰掸系	36627	78.8	16650	60.2	16208	59.0	13724	44.0	10916	57.0	4975	56.0	4710	45.4	1710	44.8	105520	60.26
罗罗	–	–	93	0.3	–	–	156	0.5	–	–	–	–	256	2.5	–	–	505	0.29
乡壩	–	–	–	–	–	–	–	–	880	4.6	–	–	300	2.9	380	10.0	1560	0.89
白窝泥	–	–	–	–	–	–	–	–			–	–	–	–	190	5.0	190	0.11
黑窝泥	–	–	–	–	–	–	–	–			–	–	62	0.6	40	1.0	102	0.06
黎苏	–	–	–	–	–	–	–	–			–	–	52	0.5	–	–	52	0.03
阿卡	2558	5.5	4260	15.4	3352	12.2	–	–	1408	7.3	840	9.5	–	–	–	–	12418	7.09
大傈黑	1274	2.7	913	3.3	1429	5.2	–	–			710	8.0	–	–	–	–	4326	2.47

续表

种族别	车里县 人数	车里县 百分比	佛海县 人数	佛海县 百分比	南峤县 人数	南峤县 百分比	六顺县 人数	六顺县 百分比	镇越县 人数	镇越县 百分比	宁江设治局 人数	宁江设治局 百分比	旧普文县 人数	旧普文县 百分比	整董县 人数	整董县 百分比	总计 人数	总计 百分比
黄倮黑	120	0.3	-	-	-	-	-	-	-	-	-	-	-	-	-	-	120	0.07
汉倮黑	62	0.1	40	0.1	-	-	-	-	-	-	-	-	-	-	-	-	102	0.06
散罗	2138	4.6											198	1.9			2336	1.33
埔达	465	1.0	27	0.1	-	-	-	-	-	-	-	-	152	1.5	-	-	152	0.09
阿克	-	-	-	-	-	-	-	-	100	0.5	-	-	-	-	-	-	592	0.34
克老	-	-	-	-	-	-	-	-	-	-	-	-	-	-	76	2.0	76	0.04
宽喀	230	0.5	-	-	-	-	-	-	-	-	-	-	-	-	-	-	230	0.13
老品	-	-	-	-	82	0.3	-	-	-	-	-	-	-	-	-	-	82	0.05
卡康	-	-	-	-	110	0.4	-	-	-	-	-	-	-	-	-	-	110	0.06
以上藏缅系	6847	14.7	5333	19.2	4973	18.1	156	0.5	2388	12.4	1550	17.5	1020	9.9	686	18.0	22953	13.11
花苗	-	-	-	-	-	-	-	-	150	0.8	-	-	41	0.4	-	-	191	0.11
白苗	-	-	-	-	-	-	250	0.8	130	0.7	-	-	-	-	-	-	380	0.22
顶板倮	-	-	-	-	-	-	-	-	986	5.1	-	-	-	-	-	-	986	0.56

续表

种族别	车里县		佛海县		南峤县		六顺县		镇越县		宁江设治局		旧普文县		镇董县		总计	
	人数	百分比	人数	百分比	人数	百分比	人数	百分比	人数	百分比	人数	百分比	人数	百分比	人数	百分比	人数	百分比
蓝靛瑶									646	3.4			156	1.5			802	0.46
以上苗瑶系							250	0.8	1912	10.0			197	1.9			2359	1.35
蒲蛮	1070	2.3	3512	12.7	4396	16.0	594	1.9	353	1.8	560	6.3	186	1.8			10671	6.10
老本							127	0.4	1180	6.2							1307	0.75
茶蛮									246	1.3							246	0.14
埔夏	930	2.0															930	0.53
卡瓒	94	0.2															94	0.05
卡瓦			5〇	0.2	165	0.6											215	0.12
以上孟克系	2094	4.5	3562	12.9	4561	16.6	721	2.3	1779	9.3	560	6.3	186	1.8			13463	7.69
汉人	913	2.0	2118	7.7	1731	6.3	16387	52.4	2165	11.3	1800	20.2	4270	41.0	1417	37.2	30801	17.59
以上汉人	913	2.0	2118	7.7	1731	6.3	16387	52.4	2165	11.3	1800	20.2	4270	41.0	1417	37.2	30801	17.59
合计	46481	100.0	27663	100.0	27473	100.0	31238	100.00	19160	100.0	8885	100.0	10383	100.0	3813	100.0	175096	100.00

第四章　土　地

一　田　制

大抵土地制度之演进，是由共有共用，而共有私用，而私有私用，此乃人类历史上最普遍而必然的结果。吾人于十二版纳之村落共同体制，而更得确切之证明焉。十二版纳，僻处滇西南极边，交通阻塞，地旷人稀，每平方市里居民人数，平均不足二人，故至今仍能保存如日耳曼人之"马克"，斯拉夫人之"密尔"一类之村落共同体制，即社会发展史上所谓之原始共产组织也。土地以村公有为原则，村有水田，平均分配于村中成员。摆夷通行一夫一妇之小家庭制度，每户成年男丁数目，所差无几，水田之分配，因以户为成员单位。譬如甲村有水田万亩，居民百户；乙村有水田千亩，居民十户，则每户平均分配水田百亩。此项由村落共同体分配之田地，不得私相转让或买卖。耕者仅有土地使益权，而无土地领有权，迁离或成员死亡时，仍应归还于村落共同体，由村落共同体另行分配予其他成员。如甲村有居民十户，须移居乙村，愿加入乙村共同体制，遵守乙村习惯的或成文的村公约，而得到乙村村民会议之许可者，则乙村原有居民，每户应各分割出水田五十亩，给予新来之甲村移民，新旧村民，平均每户各得水田五十亩。或由村民共同另开荒地千亩成田，照每户百亩之例分给之。同时并须为新加入共同体之甲村移民，建筑新居，不索工料资费，主人不过费一二餐简单之酒饭而已。贫者毋须招待饭食。若因人口繁殖，荒地开辟已尽，田土所生产作物，不敷食用之村落，可向有余田之邻村租耕。每户最多年纳银圆一元、酒一壶、鸡一只、槟榔一串，以为租价。或迳迁往有余田之村落，加入该村落共同体制。好在十二版纳各地，大都地旷人稀，一般居民，尚无私有之观念和必要。只愁有田无人耕，不愁有人无田耕也。

至宣慰土司，则另有官田。此项官田，宣慰土司，毋须自行躬耕，例由人民于大众农事完毕时，为之耕种、收获并挑送入仓。各有一定之挑数。丰年有余，则人民存其余为公有积谷，岁歉则以实收之数交纳。宣慰使及土司职务变更，即此项官田所获，人民可以另行处理。名义上，全十二版纳土地，属诸代表全体民众之宣慰使及各地土司，而实权则仍操之于全体之人民。

十二版纳田地，原则上虽属公有，实际上亦颇呈歧异。如由村民私人以一己之劳力所开辟之荒田荒地，可归私有私用，亦可出卖其使益权。宣慰使及各地土司贵族等，常将其私人劳力或财力自由开辟而占有之田地，移赠或出卖。密迩内地县份地区之村落共同体，

65

如旧普文县普腾坝之数十万亩村有公田，因清丈舞弊①，竟为一二豪强所攘夺，使数千村落共同体之自耕农，咸夷为农奴，在边陲产生空前未有之大地主，盖已由共有私用，而向私有私用之程途演变也。十二版纳村落共同体之均田制，现尚可畅行无碍，私有私用之趋势不烈。将来生齿日繁，移民增多，荒地开辟分配无遗，交通发达，粮食可以外销之后，此均田制度，若政府不能预为策谋，加以保障，或代以新的合理的制度，当必引起重大的变革，而打破其均衡组织也。

二 畬 地

十二版纳之土地制度，有水田、畬地、森林、牧场、川泽之不同。水田采村落共同体制，畬地则以另一形态出现。山居民族，或原居摆夷，对于畬地，均实行自由占有制，亦即自由开垦荒地权。凡荒废三年以上，无人垦殖之荒废土地，或是森林，均可自由占有而开辟之。于冬晴季节，将地面树木砍倒，经若干时日，俟其干燥，纵火焚烧，然后掘掉草根，播种旱稻或杂粮。即以所焚草木灰烧为肥料。连续播种两年或三年，觉肥料减少，即弃置不顾，任其荒芜若干年，

---

① 民国二十七八年间，云南财政厅派委员周彭年到边清丈田地。清丈结果，整个普腾坝，约四五十万亩之摆夷村落共同体之公田，忽然变为宁洱张孟希及思茅李庆甫两人之私产，领得营业执照。继后张、李两氏即根据执照，逐年向摆夷征租谷，夷数千自耕农为其两人之农奴，逼使普腊摆夷，纷纷举家迁离，有迁避至邻村者，有远徙至缅甸景栋及暹罗景迈一带者，使熙来攘往之若干村镇，变为满目疮痍之废墟。

俟草木养生，再伐木焚山，重行耕种，但不限于原耕种之人户。此项山地，泐语称之曰"哈"，吾人称为畲地或旱谷地。山居民族，有小家庭制度，亦有大家庭制度，所辟畲地面积，并无限制，视各家人力多寡而定。若人口较密之山区，则休耕期由是缩短，亦间有施用厩肥者。或亦向他村租耕，与摆夷租水田耕种情形相同。

三　其　他

十二版纳原居之摆夷，或山居之其他民族，对于森林之利用，勿论在建筑上、燃料上及日常生活上所需之木材，都可以自由入山采伐，并无限制。至各户私人种植之竹类及专供充作燃料之一种黑心树，则属私家所有，可以买卖，他人不得采伐。草原亦可公共放牧，牧场无村有之界限。河川网鱼及行驶船筏，亦无村有之限制。凡十二版纳居民，任何河川，皆可行船，皆可往渔。唯村有之鱼池，则凡非本村落共同体之成员，皆乏享受池鱼之权。村中成员，并亦不得私行网钓，须经村民会议决定日期，然后集合村中成员，集体竭泽而渔，而公举一人或若干人，公平分配所获之鱼于各成员。游猎亦不受村落之限制。

十二版纳各成员，既享有上述田地、森林、川泽之使用及平等发言之权利，遂亦有其应负之种种义务。第一为军事之义务，一旦地方遇有缓急，每一住户，应于得到征召通知时，出一壮丁，由负责军事之"昆汉"①，组成军团，担任攻守。斯时各丁壮，必须舍其原来之工作，而服从团体之指挥，除担任攻守外，并从事于军备军需之制造及供应。其次为有关国家社会之义务，如国家规定之劳役，犯人之逮捕，行政费用之缴纳；宣慰使及各土司之生、养、死、葬、建宅、婚嫁、疾病、祈祷各费之摊派；佛寺、佛塔、道路、桥梁、萨拉②之兴建及修葺；年节礼佛，岁时祭祀之耗费；僧侣生活之支持；老、弱、鳏、寡、孤、独、残废、疾病之保护及扶助；水火天灾盗贼不测之救济等。凡属村落共同体各成员，均有共同负担之义务。其他关于村落共同体各成员之行动，勿论过失的或非过失的，如犯罪被罚锾，赌博亏输，或遭侮辱仇杀，凡村落共同体各成员，均有为之赔偿（三次为限）、报复之责任。上述种种义务，凡村落共同体各成员，均须无条件履行，否则必加以相当之裁制或予除名，而摈之于此村落共同体之外，收回其耕地，禁止其使用森林、牧场、川泽之权利，断其互相扶助之义务。

----

① "昆汉"为一种带兵官之称，相当于唐时之折卫都慰。平时主训练丁壮，有事率领丁壮受右将军竜那夸之统率指挥，从事征战。战事结束，与兵同归于农。

② 见第九章第五节。

第五章 交 通

一 道 路

十二版纳，地居热带，气候温暖，原野肥沃。有广大无垠之森林，无穷尽之矿藏。至于粮食牲畜，满仓盈野，取需不尽。人民天性和平，崇尚自由，富互助精神。惜于交通一道，因循苟陋，极不讲求，道途梗阻，荆棘满地。顺至社会文明，无由增进；天然财富，莫由开发。民国初年，政府将十二版纳各土司地，分区设治，改置流官。当时董其事者，已注意及此，每年挨户捐收折工银圆四角，除建官署而外，即用之于道路交通之整理。十一年，由今车里县治，通至思茅之驼马大道，已全部完成。部分可通行脚踏车。顾此项折工收入，一再提用于军事需要，如民国七八两年，雅口倮黑之役，及民国十一年，缅宁教练蔡春暄肇乱之役，不能专注力于道路建设事业。民国十九年十二月，普洱第二区殖边督办署，由食盐附捐，筹得经费，并提拨折工收入，派遣测量人员多人，到车里、佛海，勘测通缅公路。二十年春，动工兴筑，计先后完成由佛海县至佛、车交界处之惠爱小箐段；由佛海县城至猛潜蛮淂钪段；及由车里打各江边，经县城至戛董段，共长五十余公里。惜仅此一度兴筑之后，即戛然中止！而后之地方官吏，又每每借口政费不敷，任意挪用折工收入，或巧立名目，而转入于个人之私囊。以故十二版纳之道路交通，仍不免因陋就简，无大进展。二十五及二十六两年，佛海县政府，因应人民之请，费工二十余万，延筑至打洛边境与缅甸交界处止。二十九年，云南全省经济委员会主办之佛海服务社，拨付巨款，并征得缅方同意，由打洛边境延筑至景栋。中国茶叶公司及思普茶塲大件机器，方得由景栋用双牛大车，载运入国，此为十二版纳，利用牛车，与缅甸交通嚆矢。三十一年，缅战失利，国军分道转进，将此路基彻底加以破坏，以阻追敌之后，坎坷崎岖，又复清末民初之旧观，转运专恃人伕肩挑背负及牛马驼运矣。三十二年，石佛铁路筹备委员会，派总工程师吴融清，率测量队勘测铁路路线至十二版纳，由思茅经蛮歇坝、麻栗坪、普腾、景东寨、关坪、三岔河、勐养、车里、兵棚而至佛海。随因战事紧急，未及完成而罢！闻兵棚段因地势高低悬殊。预计工程殊巨，将来复测，应以改道由播协溯黑龙塘河至黑龙塘，再由黑龙塘顺南滛河至勐滛一道为施工较易。同时并移佛海县治于勐滛。今大陆沉沦，边疆建设，只有待诸来日也。兹以车里县为中心，略记四境之道里，以备将来有心整饬十二版纳一带道路交通者之参考焉。

南线：此线道路，为由十二版纳交通海外最便捷之途径。由车里县南行至打鸠七十里，由打鸠西南行八十

70

里至勐笼，又南行八十里至缅境勐累，又南东南行五十六里至勐勇，又南行三十六里至蛮打掌，又七十二里至勐白了，又西南行五十二里至勐岭，计步程六日或七日可达，长约四百四十六里。由勐岭乘汽车西南行约三小时至暹罗边境湄赛（潮人译作掖柿）。又南行一日，计二百九十六公里至南邦。由南邦改乘南下飞机，约二小时即可达暹罗之京都曼谷；若乘南行快车，须二十小时。由车里县城至此，为期仅八九日，为车里出海之惟一捷径。日军南进时，缅方已将汽车道由勐叭筑至勐勇，靠近车里。但目前勐叭、勐勇间汽车往来甚少，否则不须周日，即可由车里到达曼谷也。将来之中泰公路，以遵循此线为便捷。

北线：由车里县城北行微东四十里至小勐养，又五十八里至关坪，又六十二里至景东寨，又五十里至普腾，又五十里至麻栗坪，又六十里至思茅县城，计六日行程，长三百二十里。又一十六日行程至云南省会昆明。

西线：由车里县城西行五十二里至兵棚，又四十八里至佛海县城，又西南行三十五里至勐潘，又六十四里至勐板，又西行五十六里至景洛（打洛），计五日行程，长二百五十里。由景洛三日行程至缅属景栋，即旧孟艮土司首府，为缅甸南掸邦一重镇。由景栋至仰光，有不定期飞机，约三小时可达。若是由景栋乘西行长途汽车，尽一日可至打埠，位萨尔温江畔，长一百十二英里，又一日至崀巨（闽侨译作东枝，抗战时，报章文电，通作棠吉。岗巨为缅语，其训为大山），长一百七十一英里，再十二英里至瑞仰，至此改乘火车，约八小时又四十五分至大市，长九十八英里，换搭曼德礼南行快车，约十一小时，可抵仰光，长三百零六英里。由景东至仰光，共长六百九十九英里，为由车里西出海口之又一途径。昆洛公路，即计划尊此道兴筑。又由佛海西行四十里至景真（即顶真），又西北行十里至南峤县城，北折行七十里至勐满，长一百二十里，又七十里至澜沧县属班中，又二日至澜沧县治佛房。

东线：由车里县城东南行十里至宣慰司，又五十五里至橄榄坝，陆行须一日，舟行三小时可达。由橄榄坝东行微北四十三里至勐宽，又东行四十三里至勐仑。勐宽至勐仑段，大部须趟行南哈河中，河床高低不一，河水或深或浅，凡三十七渡而至勐仑，行程极难。雨季山洪暴发，阻绝行人，交通不便。由勐仑东行微北约八十四里至镇越县治易武，车里至此，距共二百零五里，凡四日行程。由易武南西行五十里至勐醒，又南行五十里至勐远，又东南行二十里至漫各，又南行微东四十五里至陇岭，又三十里至猛腊，又四十里至龙哈，又三十五里至磨歇（磨歇为十二版纳产盐最富区域），再三十五里至尚勇，与越南磨丁交界，计程约六日，长三百一十里。又由猛腊西行二日程，约九十里至猛捧，又南折行五十五里至猛漭，计三日程，长一百四十五里。又六十里至越境猛悻（或作猛幸，亦作猛信），为旧整欠司首府，法方驻有军警，有邮电设备，交通尚称方便。

东北线：由车里东北行六十里至攸乐山刺桐砦（俗作茨通），又五十里至石嘴，又五十里至茶王树，又五十里至倚邦，计四日程，长约二百一十里。倚邦旧为第六区行政分局治所，后为象明县治，今裁并思茅而为一乡。倚邦向为江内茶业中心地，所产茶叶，运由漫腊出口，经越境猛乌、莱州至河内销售，贸易畅旺。自佛海茶业茁起，同时又因越南增高关税，限制入境，倚邦茶业，遂一蹶不振。尤其自经民国三十年，攸乐民变焚劫之后，损失惨重，满目疮痍，经济枯绝，非短时期可恢复原状也。

车里宁江六顺思茅线：此线交通往来不多，行程亦难。由车里县城西北行六十五里至南奔河，又五十里至蚌冈，又五十二里至景播，又北行四十里至宁江设治局，又东北行六十里至整控，又一百一十里至六顺县治官房，又五十里至同子砦，又五十里至思茅县城。计行程九日，长四百七十七里。

二　水　运

澜沧江流入十二版纳之后，江面宽阔，流亦徐缓。然所经多荒僻山谷，人迹罕至，遂鲜舟楫之利用。车里坝子及橄榄坝、景哈一带，人烟比较稠密，交通需要迫切，因之船只往来频繁，航行便利。关木以南，险滩尚多，将来政府若能以国家力量，会同缅、越，将若干险滩，予以炸平，使十二版纳船只，能直航南海，则必大有助于西南边疆之繁荣也。

三　邮　政

本地土人寄递公私函件，向采逐村逐寨传递办法，称为"倒寨夫"，多所贻误。彼时人民生活简单，互相往来不繁，"倒寨"办法，原足应付。自分区设流以来，"倒寨"传递，有时不便，而民负甚重，于是遂有新式邮寄机构之设置。民国初年，于车里、倚邦，各设有邮寄代办所一所，每月往返思茅三次，雨季则仅能往返一次或二次，非常稽迟。十九年，佛海初设信柜，后改代办所。二十二年，五福（即今南峤）、镇越、六顺，亦设信柜，后皆改为代办所。继后打洛、大猛笼、橄榄坝等地，增设税关查卡，因并先后增设信柜。佛海代办所于三十年改为三等邮局，与缅甸通邮，为国际交换局，班次增为隔日班。十二版纳邮务，此为最盛。缅战失利，国军退守国境，泰军直扣我国门，通邮断绝，佛海三等邮局，遂乃裁撤，仍改为代办所，为不定期班。其因海关查卡需要而增设之打洛、大猛笼及橄榄坝各处信柜，亦因查卡之撤退而同告撤销。三十五年，佛海邮寄代办所，又改为四等邮局。车里亦在改升中。至各局收发邮件，则十九偏于政府之公文，对于普通人民之邮件，除佛海、镇越而外，各局皆甚稀少。车里、佛海一带，设邮已多年，车、佛土人来往公私信件，尚沿有"倒寨"办法。紧急文件，则包木炭，并粘鸡毛，木炭象征火急，鸡毛象征飞速，称曰"鸡毛火炭"。具此标识函件，必须快速传递，或高价雇专差兼程飞送，耗费巨大。将来欲望发展边地邮务，非极力引导并便利土人投寄不可，而尤非将邮递机构及班次增加不可也。

四　电　信

十二版纳筹设电信，始于民国初年。十三年，柯总局长率各土司至昆明观光时，曾面与云贵电政管理局监督吴珣，洽商由思茅接线至车里。然终以须费过巨，省库不能补助，地方独力负担困难，议遂中止。三十一年，政府准备大反攻，由昆明重新架设双路铜线至车里及佛海，可以通话，可以收发电报。胜利后，线路失修断阻，因而拆卸，整个十二版纳范围，仅遗佛海电信局一所，赖无线电机与内地通报，公私称便。三十八年二月二十五日，因地方变乱，情形遂不明矣。

五　航　空

航空交通之便捷，世所共知。十二版纳，迄今仍在原始人夫轿马交通状况之下，尚无公路可资利用[①]，<u>铁道更勿论矣</u>。当大反攻之前夕，南峤、佛海、车里、

---

① 据旅缅滇侨，接家信称：现已将昆洛公路由昆明修筑至车里。由昆明至思茅已有客车，每人车票十八万人民币。后又延筑至佛海。思茅以下，仅有军运往来，未售客票。

猛腊各地，均先后筑有飞机场。南峤机场，位南峤县城之北郊，蛮洪、蛮海之南，干季可降落三吨至七吨运输机。其他各机场，系临时性质，仅可降落小型飞机。当铁道公路未通之际，航空交通，实为促进边地文化之唯一救急利器。政府有为国民谋行的解决之责任，今后如能将南峤机场，加以整治；并于佛海、车里、镇越、六顺、宁江各县局适中地点，增开机场，每周由昆明往返联络一次，此不唯于促进边地文化有甚大之助益，即政令宣达，国防前途，亦多利赖也。

第六章　政　情

一　政　府

车里昔为一独立王国，土人称为泐国，亦称十二版纳国，吾人则称车里。元初，蒙古主蒙哥，遣将击降之，置为彻里路军民总管府。明洪武中，置为车里军民府，后改车里军民宣慰使司。清顺治十八年，其酋来归，仍授为车里宣慰使，然不过羁縻之而已。雍正七年，改土设流，将其地分属于宁洱县及思茅同知，每年派员入边催收钱粮一次，不干涉其内政，尚保持其半独立之状态。民国二年，即其地分区设治，十八年改为县，治理渐密。然设流而不改土，对于车里宣慰司机构，至今未废。昔时王国政治体制，依旧存在。虽政治上，各地土司，须听命于所属各新设之县政府，无遵行宣慰使敕令之必要，其治权显被分割；宣慰使权力，局限于车里一县，侵寻不出其所居之乡。实际上，车里宣慰司，仍为十二版纳夷族心目中唯一之中央政府；宣慰使仍为各夷族精神上唯一之权威，最高之行政元首也。在每种场合上，宣慰使对全十二版纳，仍能发号施令。每年之守夏节日，各县区土司，仍须躬亲或派代表至景昽，向宣慰使朝贺，不废其小朝廷之仪节。迩来潮流遽变，民智日启，任宣慰使者，若尚故步自封，不知随时代潮流之演进，不能与边民打成一片，以造福边民，提掖边民，而唯知向边民须索摊派，以供私人之挥霍，将来边民醒觉，必有被否决之一日也。

车里小朝廷政府之组织，于宣慰使之下，设有副宣慰使、诏景哈、都竜稿等八大头目及若干头目，共三十二员，分理庶政。各大小头目，同时又为"司廊"①之阁员，行政立法，互相沟通，为车里小朝廷政治之特点。兹将其阁员名单官称及职司，列举于下：

车里宣慰使：为十二版纳之最高行政元首。

1. 乌巴逻阁：义为副王，即副宣慰使，现缺。

2. 诏景哈：司廊首席，为各头目之领袖头目，即首相，亦相当于内阁总理。

3. 都竜稿：司内政（亦称怀廊曼卧）。

4. 怀郎曼空：司枢要。

5. 怀郎庄辋：司赋税（与诏景哈、都竜稿、怀郎曼空为负责行政之四大丞相，即四大头目）。

6. 都竜帕厦：司库。

7. 都竜那干：司军械。

8. 都竜那夸：司军政（右将军）。

9. 都竜掌：司大象（与以上七人，称为八大头目）。

10. 叭竜那襏：司仪队。

①"司廊"为 Sanan 之音译，亦作 Nhe Sanan，可以译作议院、中央议会、政院、内阁、国会、政府、最高政府及中央政府等。

11. 叭竜那禀：司谏。

12. 叭竜过：司侍从。

13. 叭竜那麻：司马匹，兼御医。

14. 叭竜那倭：司舆乘。

15. 叭竜榭养：宣慰使巡狩，司检队。

16. 叭竜榭曩：司置。

17. 叭竜赛：司兵马（左将军，位次于右将军）。

18. 叭竜哈怀：司赕佛。

19. 叭竜诏夏：司市政。

20. 叭竜款：司翊卫。

21. 叭真汉：先锋（位次于叭竜赛。与都竜那夸、叭竜赛为负责军事之三大臣）。

22. 叭榭辋雷：司巡捕。

23. 叭庄禀：宣慰使疾，司祈祷。

24. 叭那广：司仪礼。

25. 叭那瓦：司船舶。

26. 叭那郢：司刑。

27. 叭兴勒：司行舟及架桥。

28. 叭般若：司新年竞舟。

29. 叭那雷：司祈年。

30. 叭那徽：司鱼罟。

31. 叭波猛莽：司宾（缅宾招待主官，现改应汉官）。

32. 叭波猛和：司宾（汉宾招待主管）。

车里小朝廷政府之政治特征有五：（甲）宣慰使掌

全十二版纳政事；僧王掌全十二版纳宗教。政教分立，互不相涉，此特征之一。（乙）宣慰使通常以八大头目辅佐政治，此八大头目，同时又为中央议事庭，即"司廊"之重要阁员，其在宣慰司内之职权，为禀承宣慰使执行政务，性质属行政的；其在议会，则创议法律，监督元首，弹劾官吏，性质属立法的，具有现代内阁制之精神，此特征之二。（丙）宣慰使之重要大头目，大都为宣慰使之兄弟伯叔，且有兼领各猛土司职务者，则又系以亲属关系，兼中央地方行政长官[①]，具有封建制度之体制，此特征之三。（丁）宣慰使掌十二版纳土地分配权，而夷民每年须服役官田及其他劳役之义务，各大小头目之年秩，亦以谷石若干为计，具有吾国古代专制政体之意味，此特征之四。（戊）中央议事庭采合议委员制，凡议案既经付表决，即交宣慰使照案施行，间有交付重议者，唯为例甚少，具近代民主政治之精神，此特征之五。有此五项特征，论者有谓与英国内阁政制，不无近似之点云。

　　至各地方政府，则依地方自治为原则，而以村寨

---

① 已故宣慰使刀栋樑兄弟九人，其诸弟多兼中央要职，并领封地，列举于后，以见其封建政制之一斑：

　　1. 宣慰使刀栋樑：老宣慰使刀承恩之长子。

　　2. 都竜那干诏孟刚：老宣慰使刀承恩次子。

　　3. 猛捧土司刀维英：老宣慰使刀承恩之三子。

　　4. 诏孟兑：老宣慰使刀承恩之四子。早死。

　　5. 都竜稿刀栋材：老宣慰使刀承恩之五子。

　　6. 橄榄坝土司刀栋廷：老宣慰使刀承恩之六子。

　　7. 叭竜那禀兼猛滓土司刀栋宇：老宣慰使刀承恩之七子。

　　8. 僧王刀栋臣：老宣慰使刀承恩之八子。

　　9. 都竜那夸刀栋新：老宣慰使刀承恩之九子。

为地方自治之单位。每一村寨，设有"叭"级村长一人，"鲊""线"级助理各若干人。吾人以其单音不顺口，每为增一"老"字，而称之曰："老叭""老鲊""老线"，其地位相当于现在之乡长、保长、甲长。较大村庄，则村长称"叭竜"。"叭竜"之下，尚有"叭"级助理一人至若干人，吾人因呼"叭竜"曰"大叭"，或亦称"老叭"，而称其他"叭"级助理人员曰"二叭"或"三叭"……以为别。较小村寨，仅设有"鲊"级村长一人，辅以"老线"一人至数人。最小村落，则仅设"线"级村长一人而已。所有各级地方自治人员，概由村民本人求贤能之方式，就其本村中之有贤德才能者，推选充任，而不采用贤能求人民之竞选方式。形式上并须取得该管土司之认可，方获正式出主村政，但为土司者，甚鲜故违民意而不予认可者。自村长以次，皆义务职，但得免缴门户捐，并免劳役。富庶村寨有俸谷。此类由人民选出之各级地方自治人员，无一定之任期，其任期之久暂，端视其能否胜任，能否孚众望及其个人之意向以为断。通常为终身职。

宣慰使司及各猛土司之内，皆设有史官曰"献"，在宣慰使司者，称曰"都竜献"，或曰"叭竜献"；在各地土司者，称曰"叭献"，下一级者，曰"鲊献"。执掌史册，有闻必录，虽宣慰使之尊贵，亦不能以其对己有微词，而以权力左右之也。日常则办理文书。其专供汉土官吏往来派夫备粮者，曰"波猛"，每一村寨，俱设置一员，以供承办一应庶务事宜也。

二 议 会

车里宣慰使司治有一中央议会,曰:"司廊",吾人通称"议事庭",为十二版纳之最高立法及行政之机关;各土司地,各有一地方议会曰"冠",为地方之最高立法及行政之机关。议事庭由宣慰使直辖各重要头目组成之,而宣慰使不得列席。在其自主或半自主时代,举凡国家大事,如军务、外交,有关全十二版纳一致之性质者,概由议事庭决议交付施行,而同时亦可决议处理地方事务之适宜于中枢处办者,以及宣慰使之家庭事务。会议时,自首相诏景哈以次,大小头目三十二员,均须出席。议案取决从最大多数,并须无反对者,盖与会之每一头目,均有否决权也。若宣慰使与议事庭之意见不合时,须双方提出理由,再定取从。若绝对冲突时,仍以议事庭之决议为主。民国初年起,至十六年止,议事庭受普思沿边行政总局之间接监督;改县以来,受车里县政府之间接监督。若有过失及违法行动,县长得责令宣慰使纠正或处罚之。

议事庭位于车里宣慰街九龙江城子内,临澜沧江滨,负九龙山,接近宣慰使官邸。系一亭式建筑,亭中央有木栏,栏内设地席为八大头目之议席,栏外为其余头目之议席。均无桌椅,亦别无陈设,甚简陋也。

三 官 秩

元于车里置军民总管府总管一员，佩金虎符，为文武兼职。明初置为车里军民府知府，隶吏部，属文职；随改军民宣慰使司宣慰使，仍复元时之文武兼职，隶兵部，级从三品，月秩二十六石。清初，凡明时土司来降者，皆授原职世袭，土司职衔，亦因明制。车里于顺治十八年献金降于清，故仍获袭车里宣慰使司宣慰使世职。雍正间，车里宣慰使所属各猛头目，因随征有功，得给土守备（正五品）职者二员，土千总（正六品）职者六员，土把总（正七品）职者五员，便委土目（均未入流）各若干员。当时所给守备千总各职，仅及身而止，后嗣皆降等承袭千总及把总。各定有俸米，千总十石，把总八石，隶兵部。明时以宣慰使为土职之最崇者，车里与麓川平缅、缅甸、木邦、老挝、八百大甸为明代西南六大宣慰使。清时边境土司，须见官低一级，内地一县丞、一典史到边，为宣慰使者，亦得奉命维谨，千把总更不待论，盖已远逊于明代矣。至于宣慰使及各猛土千把总，则并不以明清所给职衔品级为重。除宣慰使而外，其他各猛土司，早已将清朝所给千把总便委等职衔品级，忘得一干二净，不复记忆。其取之于民之俸米数额，亦并不依照明清之规定。但以足敷食用为限，不得聚敛厚藏，否则人民可群起而攻杀之。其谚有之曰："官吏若猪，肥则当屠。"此虽不可为训,然其人民对于贪婪者之不稍假贷,从可见矣。

车里宣慰使各土千把总及便委土目等,另有其阶级称谓及年秩。宣慰使称:"嵩烈爬宾诏"（Son Rdiech Pra Pien Chao）,译言至尊佛王,或至尊佛主;或曰:"诏片瓴"（Chao Pian Lin）,译言大地之王;通称"诏法"（Chao Fa）,译言天王。或合称:"嵩列爬宾诏片瓴宣慰法",译言:"至尊佛主,大地之主,天王宣慰。"全称尚不止此。宣慰之下,官品略分五等:最上者约等于吾国古时之王或公,曰"诏",以子弟分封之,若诸侯然,即现在之各猛土司千把总及便委等。次曰"怀郎",曰"都竜",约等于吾国古时之侯爵。"怀郎曼卧""怀郎曼空",即"曼卧侯""曼空侯"之谓。又其次曰"叭",曰"鲊",最下一级曰"线",约等于吾国古时之"伯爵""子爵"及"男爵"。各猛土千把总便委等诸"诏"皆世袭,非王亲贵族,不得称"诏",实纯粹贵族式之封建政制。自"怀郎""都竜"以下,凡任职中枢者,由宣慰使遴派,或由议会推荐。其担任地方自治事务之"叭""鲊""线"各级人员,如村长、助理等,概由民选。宣慰使及各地土司,均无委派地方自治人员之权。此则又有地方自治之民主之精神存焉。

四　土　司

十二版纳土司,以车里宣慰使司为其领导。车里宣慰使司，原辖有土千总司二，土把总司十二，土便委司十一。隶车里县者三：曰车里宣慰使司，曰橄榄坝土把总司，曰猛笼土把总司；隶南峤县者三：曰猛遮土千总司，曰顶真土便委司，曰猛满土便委司；隶佛海县者三：曰猛海土把总司，曰猛滑土便委司，曰打洛土便委司；隶宁江设治局者三：曰猛往土便委司，曰猛亢土便委司，曰猛阿土把总司；隶镇越县者六：曰猛腊土把总司，曰易武土把总司，曰猛捧土便委司，曰猛岜土便委司，曰猛伴土便委司，曰补角土便委司；隶六顺县者一：曰六顺土把总司；隶江城县者一：曰整董土把总司；隶思茅县者四：曰普腾土千总司，曰猛旺土把总司，曰倚邦土把总司，曰竜得土便委司；于清光绪二十二年（公元一八九六年），割让法属者二：曰猛乌土把总司，曰乌得土把总司。自猛乌、乌得两土把总司地，割让法属之后，车里宣慰使司，仅辖有土千总司二、土把总司十及土便委司十一之领地而已。

宣慰使及各猛土千把总便委等土官，职皆世袭，且属终身制。但为土司长官者，每任职若干年（大约三年）之后，例须于守夏节中，择一时日，秘密离司出走，避匿偏僻之乡村，以觇人民之爱憎向背。须俟人民寻迎，方再回司供职，否即不回，或竟入佛寺削发为僧，让人民另举贤以代，名曰"逃贤"。唯所举以不出贵族范围为合法，大都为其伯叔兄弟子侄等亲族。设流之后，土官"逃贤"之举，已非必要，仅偶一见之。

甲、宣慰使司一：

车里宣慰使司：司治位东经一百度五十一分，北纬二十一度五十八分（清朝《续文献通考》："车里宣慰司，在普洱府南少西七百四十五里，北纬二十二度七分，西经十五度三十八分"），流沙河汇入澜沧江处，东行偏南三里许地方，拔海一千八百英尺。依山面江，形势险要。西北至车里县城约十市里，再北东北行六日程，约三百二十五里至思茅县，又一百二十里至普洱；东北行四日程，约二百里至倚邦土把总司；东行四日程，约二百二十五里，至镇越县，即易武土把总司；东南行七日程，约三百四十一里，至猛腊土把总司；南西南行二日程，约一百四十里，至猛笼土所总司；西行二日程，一百一十里，至佛海县，即猛海土把总司；又一日程，约五十里，至南峤县，即猛遮土千总司；北西北行三日半程，约二百一十七里，至宁江设治局，即猛往土便委司。

其先叭真，于公元一一八〇年，入主车里，至此，十二版纳，方始为泰族所统治，称为"泐国"。叭真传子凯冷，凯冷传爱伻，爱伻传匋陇建仔，匋陇建仔传匋两竜，元赐姓刀氏，改名曰：刀两竜云。刀两竜传子刀补达，刀补达传侄刀爱，刀爱传子刀坎，刀坎降明，明以为车里军民府知府。洪武十七年，改宣慰使。刀坎死，子刀暹答二十四年嗣。暹答死，子刀更孟永乐十一年自立。更孟未几率，刀弄永乐十五年袭。后弄逃死老挝，刀坝羡宣德七年袭。坝羡天顺元年自杀，板雅忠推其兄三宝历代（刀更孟子）袭。三宝历代死，子三凯冷弘治十年袭。三凯冷死，弟诏侃弘治十五年嗣。诏侃死，子室利崧版嘉靖二年嗣。室利崧版死，子刀糯猛嘉靖九年袭。糯猛于隆庆二年降于缅，病死，子室利稣赧打嗣。室利稣赧打死，弟刀应猛隆庆三年袭。应猛死，子刀韫猛万历二十六年袭。天启七年，缅军入车里，韫猛被俘，子室利稣坦玛崇祯元年袭。室利稣坦玛死，长子诏钪勒崇祯十二年袭。清顺治十八年，诏钪勒献金归顺，仍授宣慰使世职。钪勒死，子刀懦猛康熙八年袭。懦猛死，乏嗣，诏钪勒之弟刀穆祷二十年袭。穆祷死，子诏匾猛二十三年袭。匾猛死，长子刀金宝雍正二年袭。金宝死，弟绍文七年袭。绍文乾隆三十二年被革职，以长子刀维屏袭。三十八年，维屏潜逃外域，裁宣慰司。四十年，经其弟士宛劝令投回，被拘至昆明。四十二年，复置司，以刀士宛袭。士宛死，次子太和嘉庆二年袭。太和死，子刀绳武七年袭。道光十三年，绳武与其叔太康不睦，构衅带印潜逃。十四年，以其叔太康子刀正综嗣。同治三年，正综因赴援思茅被害，乏嗣，胞弟承综子钧安十三年袭。钧安于光绪二年，被缅匪杀害，长子刀承恩袭。承恩死，长子刀栋樑民国十六年袭。栋樑三十二年死，遗二子尚幼。三十四年，以其六弟刀栋廷之子刀世勋为继嗣，承袭车里宣慰使世职。

乙、土千总司二：

1.猛遮土千总司：司治位东经一百度十四分，北纬二十一度五十九分（清朝《续文献通考》："猛遮土司，在思茅西南十站，车里西北三站，北纬二十二度十分，西经十五度五十分。"），景峤山巅，即南峤县治所在。四周平原旷野，山据平原之中，周约十里，颇据形势，东行微南三日程，约一百六十里，至车里宣慰司（东南行十里至顶真土便委司，又东行四十里至猛海土把总司，又一百一十里至车里宣慰司）；东南行一日程，经顶真，约五十五里，至猛滑土便委司；由司正南行二日程至猛板，又西行微南一日程，至打洛土便委司，共约一百四十里。由司西经西定至南览河缅甸界，约八十里；北行微西一日程，约七十里，至猛满土便委司；东北行一日程，约六十里，至猛阿土把总司。

明宣德间，孟琏酋叭陇法之弟钪朗法，因援猛滑有功，得食采猛遮，自称"闷竜先俹"。成化四年，先俹卒，子先钪亮嗣。传至刀细闷那（即诏四闷那冈孔），于雍正间，随征普洱思茅有功，给土守备职，并兼管江外八猛。细闷那死，子召楠降等承袭土千总。召楠死，子刀朗（疑即刀召铃）袭。刀朗传子刀廷柱，嘉庆十五年袭。廷柱死，平宝道光十六年袭。平宝死，子承钧光绪二年袭。承钧死，子刀正经袭。宣统二年，刀正经踞顶真为乱被诛，遂永革土职。民国二年，即其地置第二区行政分局，以其子刀忠良为团正，仍世其民。十八年改县。忠良死，二十二年，子刀健刚被任为乡长。三十一年，健刚因谋杀其弟刀健勋案被逮而去职。

2.普腾土千总司：司治位东经一百零一度二分，北纬二十二度三十一分（清朝《续文献通考》：普腾土司，在思茅东南，北纬二十二度十九分，西经十五度一分），瘴气河（渤语名南细）汇入大开河（渤语名南腾）之北岸。北行微东二日程，约一百一十里，至思茅县；南西南行四日程，约二百一十里，至东里县城，又东南行十里，至宣慰司；东至猛旺土把总司二日程，约一百里；西行二日程，约一百二十里，至六顺土把总司。

普腾，亦作普藤，渤名猛岭。明永乐中，车里宣慰使刀暹答，封其子香曩于此。天顺元年，宣慰使刀霸羡为人民所逐，逃至此自杀。清雍正六年，土酋刀猛比从征橄榄坝有功，授土守备；十年，从征普、思有功，准管理地方。猛比死，子先猛降等承袭土千总。先猛死，传至应达。应达传至定辅。道光六年，定辅死，子世承袭。世承死，乏嗣，胞弟世勇（渤名诏逻阁辋）道光十六年袭。世勇死，子安邦道光二十七年袭。安邦死，子刀承供职未袭。承死，子德阳年不及岁，未袭，由头目叭豸拿代办司务。后嗣于光绪二十八年，被杀绝灭，改设办事员。民国二年，置第七区行政分局于此，随移治黄草坝，以头目陶阿寿为团正，管理人民。十八年，改设普文县。二十年，全县裁并于思茅县。

丙、土把总司十：

1. 橄榄坝土把总司：司治位东经一百度五十六分，北纬二十一度五十一分，澜沧江东岸，涝德湖之西北岸。海拔一千六百五十英尺。平原广大，气候燠热。由司西北行一日程，约五十五里，至宣慰司，又十里至车里县城；西南行二日程，约一百里至猛笼土把总司；东行二日程，约八十六里，至猛岽土便委司。

清乾隆三十年，喇鲊齐随征有功，授土把总职。三十九年革退，以叭竜间袭。年老革退，以刀太昌袭。嘉庆七年，太昌为刀永和所杀，子奏凯十一年袭。奏凯死，子文斗袭。文斗死，乏嗣，胞弟盛宗光绪二年袭。盛宗死，子刀正伦袭。正伦死，宣慰使刀栋樏以其九弟刀栋新继袭。栋新内调都竜那夸，由其六兄刀栋廷袭。

2. 猛笼土把总司：司治位东经一百度四十一分，北纬二十一度三十五分（清朝《续文献通考》："猛笼土司，在车里南三站，澜沧江西百余里，北纬二十一度五十分，西经十五度三十分。"），金河（泐名南钪）汇入南雅河处之北岸。民国二年，设第四区行政分局治此。十年，移四区公局治猛往，而裁并于第一区。由司北东北行二日程，约一百四十里，至车里宣慰司，又十里至车里县城；东北行二日程，约一百里，至橄榄坝土把总司；西北行二日程，约一百三十里，至猛溍土便委司；北西北行三日程，约一百六十三里，至猛海土把总司。

明宣德间，刀庄霸食采于猛笼。天复二年，刀庄

霸及猛湣酋刀武，勾结兰那酋叭的剌旮版纳，进攻宣
慰使三宝历代。由刀庄霸为导，先攻猛遮，不克；转
攻景眬，亦不克。继复回兵再攻猛遮，仍不拔，遂引
去。清雍正七年，叭先随征有功，授土千总职。叭先
死，无子，侄刀阿兴降等承袭土把总。阿兴死，弟整
乃顶（疑即诏阿林）袭。乾隆二十八年，缅人犯猛笼，
整乃顶死难，子匾猛袭。三十八年，匾猛以不能截追
车里宣慰使刀维屏被黜革，迁徙江西。先以猛遮土千
总刀朗兼署，因病详委匾猛族叔邵庆代办试袭。邵庆
亦作胥庆。邵庆死，无嗣，四十六年，以甥刀孟占袭。
刀孟占即诏占，亦作猛占，又作孟佔，汉名刀永和，
系维屏长子。嘉庆七年，滋事逃离，以土目刀镇藩袭。
镇藩死，子灿星二十二年袭。灿星死，子承勋道光十
六年袭。承勋死，子耀祖袭。耀祖死，乏嗣，胞弟继
善光绪二年袭。继善死，子刀恩来（渤名召拉扎翁）
袭。恩来死，召叭竜民国三十五年袭。

3. 猛海土把总司：司治位东经一百度二十五分，
北纬二十一度五十七分。流沙河东岸，南海小河河曲
之北，白象山与景果山之间。海拔四千英尺。气候温
和，森林茂密，景物宜人。东行二日程，计一百一十
里，至车里宣慰使司；南西南行一日程，计三十五里，
至猛湣土便委司，又西南西行一百二十里，至打洛土
便委司，界缅属景栋土邦；西行一日程，约四十里，
至顶真土便委司，又西北行十里，至猛遮土千总司，
北西北行一日程，约七十里，至猛阿土把总司。

明永乐时，有奢陇法者，曾食采于此。清雍正间，其先有叭竜版纳者，以功授土便委职，与猛潖、打洛及顶真三土便委，同隶猛阿土把总。其后有诏佽，嘉庆中，衔刀永和之命，出使于阿瓦。传至诏香，以旁支为地方所拥戴，获袭世职。诏香于年七十岁时，禅位于长子诏雅洪。诏香于禅位后十余年去世。雅洪死，土便委一职，为议会首席诏冠所把持。雅洪子雅合及弟刀柱国，纠众攻杀诏冠。柱国因民众之拥戴，得袭世职。雅合不服，遂引起遮顶之乱。宣统二年，乱平，雅合被擒正法。柱国以功升土把总。柱国死，子宗汉民国八年袭。宗汉民国三十三年八月四日死，子述仁年幼，由议会首席诏香索（又称诏冠）者，代办司务。

4.猛阿土把总司：司治位东经一百度二十分，北纬二十二度九分，南漯小河汇入南阿河口处，南阿河东岸，南漯小河之北岸。海拔约三千七百五十英尺。由司治东南行三日程，约一百五十五里，至车里县城，又十里至宣慰司；南东南行一日程，约七十里，至猛海土把总司；南西南行一日程，约六十里，至猛遮土千总司；西行一日程，约七十里，至猛满土便委司；北行微东半日程，约二十五里，至猛康土便委司；又一日程，约五十里，至猛往土便委司。

明宣德间，刀嵩食采于猛阿。天顺六年，猛康及猛阿两地居民，随刀嵩移垦至猛勇，地遂荒废。成化六年，猛遮酋先钪亮，派其子刀逻阇屯垦于此，自后猛阿等地，始渐繁庶。传至叭古（《乐山集》作叭

占），于雍正七年，因随征有功，授土千总职，兼辖猛
潘、猛海、打洛及顶真四土便委。叭古死，子召占降
等承袭土把总。召占死，乏嗣，族舍召翁嘉庆十七年
袭。翁死，子罕鉴道光十六年袭。罕鉴死，于豸袭。
传至召捧翁（又名诏真德翁），于宣统二年，附刀正经
为乱，遂永革土职。民国二年，编隶第二区行政分局，
先以叭弄真为团正，管理地方。叭弄真死，以召捧翁
之子刀世荣继为团正，仍世其民。十年，改隶第四区
行政分局。十八年，改四区为临江设治局。二十四年，
改称宁江设治局。

5. 易武土把总司：司治位东经一百一十度二十九
分，北纬二十一度五十九分（清朝《续文献通考》："易
武土司，在倚邦之北，北纬二十二度三十分，西经十
四度五十分。"按：易武土司，位倚邦之东南，通考
误）。西行四日程，约二百二十五里，至车里宣慰司，
又十里至车里县城；西北行八日程，约三百八十里，
至思茅县；西南至猛仓土便委司八十四里；北西北行
二日程，约一百里，至倚邦土把总司。民国十八年，
由旧象明县分出，划属镇越，为镇越县县治。

清雍正间，伍乍虎带练杀贼有功，给土把总职。
乍虎死，子朝贵袭。朝贵传弟朝元，乾隆三十一年，
以军功升土千总。朝元死，子英降等承袭土把总。英
死，子耀祖袭。耀祖死，子荣曾嘉庆二十四年袭。荣
曾死，子定成袭。定成死，子长春光绪八年袭。长春
死，子树勋光绪末年袭。树勋民国十年死，无嗣，其

弟元熙供职未袭。元熙死，因绝嗣废除土司。

6.猛腊土把总司：司治位东经一百一十度三十二分，北纬二十一度二十八分（清朝《续文献通考》："猛腊土司，在普藤东南，其南至猛幸，接老挝界，北纬二十二度十二分，西经十四度四十三分。"）。西北行七日程，约三百四十一里，至车里宣慰司；西行二日程，约一百里，至猛捧土便委司；北行四日程，约二百里，至易武土把总司；东北行二日程，约一百一十里，至猛伴土便委司。民国二年，置第五区行政分局治此。六年，移治猛捧。改县后，与猛捧同隶于镇越县。

其先有诏圌猛者，于明隆庆六年，因车里入贡缅甸，获缅王赉赐围缦、幞帝、布匹、檀香、糖果等甚厚。传至召糯，于清雍正间，随征杀贼有功，授土千总职。糯死，子文降等承袭土把总。文死，子道乾隆三十六年袭。道死，子南国道光十六年袭。南国死，子不陶拿未袭故，子堂阶光绪二年袭。堂阶于光绪十年，被刀铭钧杀死，子栋宇（泐名孟腊）袭。栋宇死，子召孟宣统元年袭。民国十六年，徐为光改第五区行政分局为镇越县，治猛捧。召孟更汉名曰：刀国忠，二十六年死，长子刀镇邦袭。三十七年，镇邦病死。

7.六顺土把总司，司治位东经一百度二十三分，北纬二十二度四十二分（清朝《续文献通考》："六困土司，在府西南，北纬二十二度五十分，西经十五度三十分。"），小庐山之西麓，龙塘河之西岸，一小山谷中。地势踟蹰，原野窄小，地名龙塘，海拔四千三百五十英尺。六顺土司，旧作六困，原居白马山，后徙思茅县城西南约十余里之刀官寨，最近始移于此。东南行二十里，至六顺县治官房，又东行二日程，约一百里，至思茅县城；南行五日程，约二百七十三里，至车里县城，又十里至宣慰司（由景娄经困杭直下小猛养一途，约可减少行程十八里）；西南行一日半程，约九十里，至景控（即整控），又六十里至猛往土便委司，即宁江设治局。

　　清雍正间，刀国辅随征有功，授土千总职。国辅死，子镇、降等承袭土把总。镇死，子敬胜袭。敬胜死，弟敬永袭。敬永死，子溶嘉庆二十年袭。溶死，子缉熙道光十二年袭。缉熙死，子壬锡袭。壬锡死，嫡堂弟林锡光绪二年袭。林锡死，子继善光绪二十四年袭。继善死，族侄盛珩袭。民国三十四年，盛珩死，族人王云代办司务。按六顺土职，原为摆夷族人，顾今乃玉溪东山汉族王氏。今全族仍王姓，唯承袭土职之一，乃冒刀氏焉。据其家谱载称：其先人随沐英来滇，充少年军官，因入赘刀氏，遂得承袭土职至今云。六顺土把总，隶六顺县；所辖猛往土便委，隶宁江设治局。

　　8.整董土把总司：司治位东经一百一十度二十八分，北纬二十二度二十九分。（清朝《续文献通考》："整董土司，在府东南，漫达河之东。"）南西南行三日程，约一百九十里，至倚邦土把总司；又西南行四日程，约二百里，至车里宣慰司；西北行四日程，至思茅；又二日程，约一百里，至猛旺土把总司；东行二日程，约一百二十里，至江城县治。整董原属第六区行政分局，民国十六年，徐为光改第六区行政分局为象明县；十八年，将象明分别裁并于江城、镇越、普文三县。整董土把总司地，划属于江城。

清雍正十年，召音随征普洱、思茅有功，授土把总职。至乾隆三十五年病故，子南国袭。南国死，子元鼎袭。元鼎因病告休，子廷玉道光二年袭。廷玉死，子承恩二十一年袭。承恩死，子凤章同治四年袭。凤章病癫，不能治事，民国二年，众推族侄国顺袭。

9. 猛旺土把总司：司治位东经一百一十度十六分，北纬二十二度三十分。（清朝《续文献通考》："猛旺土司，在府东整董之北，北纬二十三度，西经十五度五分。"）西行二日程，约一百里，至普腾土千总司；又南西南行四日程，约二百一十里，至车里县城，又东南十里，至宣慰司；西北行三日程至思茅，又东北一百二十里至宁洱；东至整董土把总司二日程，约一百里；南至倚邦土把总司二日程，约一百二十里。

清雍正六年，召孟冈从征橄榄坝有功，授土把总职。孟冈传子猛楠袭。猛楠死，子崑袭。崑死，子联元袭。联元年老告休，子士林道光七年袭。士林因病休，子定邦道光二十六年袭。定邦死，子国昌未承袭。传至召国藩，光绪间袭。国藩死，召映祥袭。

10. 倚邦土把总司：司治位东经一百一十度十九分，北纬二十二度十二分。（清朝《续文献通考》："倚邦土司，在思茅东南六站，北纬二十二度二十分，西经十四度五十分。"）西南行四日程，约二百里，至车里宣慰司；北西北行六日程，约二百八十里，至思茅县；南东南行约一百里，至易武土把总司；东北至竜得土便委司六十里；北至猛旺土把总司一百二十里。民国二年，设第六区行政分局治此。十六年，徐为光改为象明县。十八年，将象明县分别裁并于普文、镇越、江城三县。倚邦土把总及竜得土便委两司地，划属普文县。二十年，随普文全县，复裁并于思茅县。

清雍正间，普思夷人滋事，曹当斋率练杀贼有功，给土千总职。乾隆三十三年，以功升守备衔。当斋死，子秀、降等承袭土把总。秀死，子世宠袭。世宠死，无子，弟世德袭。世德病休，子辉业袭。辉业死，子铭嘉庆二十四年袭。铭死，子瞻云道光十五年袭。瞻云死，子文应袭。文应死，子□□袭。□□死，子清民袭。民国十八年，因案被革职，司遂废。

丁、土便委司十一：

1.顶真土便委司：司治位东经一百度十六分，北纬二十一度五十七分。东至猛海土把总司四十里，又一百一十里至车里宣慰司；东南至猛滽土便委司约四十五里；西北至猛遮土千总司十里；北东北至猛阿土把总司约七十里。顶真原为土便委职，清初与猛滽、猛海、打洛三土便委，同隶猛阿土把总。其先有诏叭竜版纳者，于乾隆二十九年，缅将波丁阇侵犯猛笼时死难。宣统二年，土便委刀金贵，以附猛遮土千总刀正经为乱，遂永革土职。民国初，以被革土便委刀金贵为团正。金贵死，后嗣年幼。改区后，以头目刀怀仁为区长，随改区为乡。怀仁死，其子刀廷荣继为乡长。

2. 猛满土便委司：司治位东经一百度十分，北纬二十一度九分。在灭蚌河、打马河合流汇入南览河处之南岸。东至猛阿土把总司七十里；南东南至猛遮土千总司约七十里；北西北至澜沧江县属邦中约八十里；东南东行四日程，约二百三十里，至车里宣慰司。民国初，刀嗣宗为土便委。嗣宗死，刀正才继。正才死，弟正清嗣。近改猛满乡，刀正清兼任乡长。

3. 猛潜土便委司：司治位东经一百度二十三分，北纬二十一度五十分，南潜河汇入南开河处之西南岸，景岷山之东山麓。东至车里宣慰司约一百三十里；东南至猛笼土把总司约一百三十里；西南西至打洛土便委司一百二十里；西北至顶真土便委司四十五里，又十里至猛遮土千总司；北东北至猛海土把总司三十五里。猛潜亦译猛混，因南潜河流贯其境而得名。其先为奢陇法之食邑。永乐间，奢陇法畏刀典杀害，避居蛮结，而求救于孟琏酋叭陇法。叭陇法遣其弟钪朗法帅孟琏兵往援。宣德三年，战于猛潜，宣慰使刀典败绩。奢陇法以其第六子刀武继彼食邑猛潜。奢陇法死后，刀武因勾结兰那为乱，被宣慰使三宝历代所杀。清雍正间，有召普塔翁者，以功给土便委职。传至诏版纳，于乾隆二十九年，缅犯猛笼之役死难。后传至

召麻哈翁，于光绪中被人民攻杀绝嗣，由头目叭弄高
代办司事。民国十年被革，以宣慰使刀承恩之第五子
刀栋材继为代办。十七年，刀栋材因案停职，以其弟
刀栋宇继之。

4.打洛土便委司：司治位东经一百度三分，北纬
二十一度四十二分，南览河北岸。东北东行四日或五
日程，至车里宣慰司，约二百五十里；东北至猛海土
把总司一百五十五里；北东北至猛遮土千总司约一百
四十里；西南西行三十五里至缅属猛麻，又二日程，
约一百三十里，至缅甸南掸邦重镇之景栋。清雍正间，
其先召滥甲翁，以功给土便委职，隶猛阿。传至滥甲
翁，于道光十四年，残杀刀太康之胞兄太安全家三百
余口。民国二年，编隶第三区行政分局（十八年，改
为佛海县），时任土便委者为刀正邦（泐名那扎翁）。
刀正邦死，子刀庆华民国二十五年袭。庆华于抗战中
叛投日泰，引泰军内犯。三十四年，被驻军第九十三
师师长吕国铨捕获枪决，弟庆良（泐名摩诃仔）袭。

5.猛往土便委司：司治位东经一百度三十分，北
纬二十二度二十二分，南�△渠汇入南往河之东岸，面
对龙洞山，海拔二千八百英尺，气候燠暑。南东南行
三日半或四日程，约二百一十七里，至车里宣慰司；
西南行一日程，约五十里，至猛康土便委司，又南西
南行二十五里，至猛阿土把总司；东北至六顺土把总
司一百五十里，又一百二十里至思茅县。清雍正间，
其先刀英，以功授土便委，隶六顺土把总。民国十年，

移第四区行政分局治此。今为宁江设治局，传至刀继美，民国初年死，子成梁袭。

6.猛康土便委司：猛康亦译猛亢，司治位东经一百度二十一分，北纬二十二度十四分，南朗河之东南岸。海拔三千七百五十英尺。东南至车里宣慰司二百零五里；南东南至猛海土把总司九十五里；南至猛阿土把总司二十五里，又南西南六十里至猛遮土千总司；东北五十里至猛往土便委司。明宣德成化间，刀嵩及刀暹阁先后屯垦于此。后即无闻焉。民国初，刀世荣任土便委。世荣死，刀安国袭。安国死，子□□袭。

7.猛捧土便委司：猛捧旧译猛鑫，按鑫音诺，与渤文原音不符，用改译为猛捧。司治位东经一百零一度十七分，北纬二十一度二十七分，南腊河河曲之东北岸。西北行五日程，约二百七十里，至车里宣慰司；东至猛腊土把总司一百里；北东北约二百五十五里，至易武土把总司。明洪武永乐间，车里宣慰使刀暹答曾命奢陇法食采于此。永乐十一年，宣慰使刀更孟以猛捧为其子刀霸供之食邑。十九年，明析车里为二，于猛捧置靖安宣慰司，而以刀双孟为靖安宣慰使。双孟死，霸供继之。宣德九年，霸供奏裁靖安宣慰司，仍并入车里。正统间，三宝历代一度食采于猛捧。清初，有召齐者，以功授为土便委，隶倚邦土把总。嘉庆七年，猛捧土便委诏法，统兵攻逐刀永和。传至诏麻哈宰，于咸丰元年，被暹罗掳往曼谷，随经赎回。其后争杀频仍，以至绝嗣，由头目叭弄拱加代办司事。

民国六年，移第五区行政分局治此。后以宣慰使刀承恩之第三子刀维英（渤名诏孟摩诃仔）代办司事。二十七年八月，刀维英病死，另委镇越县第三区区长王少和为代办。猛捧于改县初为镇越县县治。十八年后，即移治易武，而以猛捧为第三区区公所。后又改为猛捧乡。

8. 猛乓土便委司：司治位东经一百零一度十五分，北纬二十一度五十四分，南哈河汇入罗梭江处之南岸，罗梭江之西岸。拔海一千八百五十英尺。西北西行三日程，约一百四十一里，至车里宣慰司；北至倚邦土把总司一百二十里；东北至易武土把总司八十四里；东南东至猛伴土便委司约一百五十里；东南至猛腊土把总司约二百里；南至猛捧土便委司约一百六十里。明成化间，车里宣慰使三宝历代，以其四子诏昂食采于此。清初，有召叭竜者，以功授土便委职。传至召孟，于清末袭。召孟死，召麻哈翁（汉名刀维中）于民国初年袭。

9. 猛伴土便委司：猛伴亦作猛半。司治位东经一百零一度三十九分，北纬二十一度四十四分，南杭河源东支之东岸。西北西行五日或六日程，约二百九十一里，至车里宣慰司；北西北经补角至易武土把总司一百三十里（至补角土便委司约六十里）；西南西至猛腊一百一十里；西南至猛捧约二百一十里。猛伴土便委，其先为孟琏人。清初，有召叭翁卡武者，率练至九江剿办绷匪，并杀死猛伴邪匪叭进达有功，授土便委职。传

101

至召叭，于清末袭。召叭死，召捧莫翁于民国初年袭。

10.**补角土便委司**：司治位东经一百零一度三十六分，北纬二十二度五十二分。西北西行五日程，约二百七十五里，至车里宣慰司；西北至易武土把总司六十里；南东南至猛伴土便委司六十里。近数十年来，人民他徙，民居寥寥，土便委司，已无形消除矣。

11.**竜得土便委司**：司治位东经一百零一度二十八分，北纬二十二度十五分。西南至车里宣慰司二百六十里；东至猛乌一百三十里；南至易武土把总司约一百里；北至整董土把总司约一百三十里；北西北至猛旺土把总司一百三十里。清乾隆三十一年，火头叶尧典，以熟习夷情，放给土便委职，以后子孙世代顶充。传至叶桂芳，于民国初袭。竜得土便委，原隶乌得土把总管辖。乌得割让法国后，直隶思茅厅。民国二年，编属第六区行政分局，十六年，徐为光改第六区为象明县。十八年，象明裁省，竜得随倚邦土把总司并入普文。二十年，随普文全县，并入思茅县。

戊、割让法属越南之土把总司二：

1.**猛乌土把总司**：司治位东经一百零一度五十分，北纬二十二度十七分。西至竜得土便委司约一百三十里，又西南行二百六十里，至车里宣慰司；南至乌得土把总司约六十里；北至江城县约一百里。清朝《通典》："云南土把总五十五人，曰猛乌一人。"清朝《文献通考》："猛乌土司，在普洱府边外。"《普洱府志》："在宁洱县南境内，距城九程。其地东至元江直隶州界旧米拉山头一百八十里；南至乌得界回连岭四十里；西至整董界坝连坡脚八十里；北至整董会东箐八十五里。按猛乌北接宁洱，西接整董，南接乌得，东接南掌交阯外域。"

明成化间，宣慰使三宝历代，曾命其子三凯冷食采于此。清雍正六年，其酋召匾从征橄榄坝有功，始授土把总职。无子，传职外孙士林，以疏防黜革，由外曾孙召先袭。嘉庆七年，召先为猛笼土把总刀永和之土练戕害，传弟召炳袭。二十年炳死，子忠勇袭。忠勇死，由弟忠弼代办。忠弼死，子温猛袭。温猛死，宣猛袭。光绪二十二年，割属于法国。

2. 乌得土把总司：司治位东经一百零一度四十八分，北纬二十二度六分。北至江城约一百六十里；西北至整董界一百零五里；西南西至易武土把总司约一百二十里。清朝《通典》："云南土把总五十五人，曰乌得一人。按：乌得土把总，管辖竜得土便委一名，距城六程，自乾隆三十一年，火头叶尧典，熟习夷情，放给土便委，以后子孙顶充。又等角土目一名，距城三程，自乾隆三十九年，李如松熟习夷情，放给土目，以后子孙顶充。"清朝《文献通考》："乌得土司，在普洱府边外。"《普洱府志》："在宁洱县东南境内，距城十程。其城东至猛乌、南掌、元江交界三百里；南至整法南掌界二百五十里；西至易武界二百里；北至整董界一百五十里。按：猛乌北接整董，南接猛腊，西接易武，东接南掌外域。"

清乾隆二年（《乐山集》作六年），普洱镇府曾给召齐土把总职衔。传至刀正朝，于三十年，以军功实授土把总职。正朝死，子世忠道光间袭。世忠死，子秉权袭。秉权死，子定国袭。定国死，子辅相袭。辅相死，子金顺袭。光绪二十二年，与猛乌土把总司地，同割属于法兰西国。

五 政 区

渤人分其境为十二个行政单位，称曰"版纳"。合若干"蛮"为一"猛"，合若干"猛"为一"版纳"（亦有一大猛为一版纳者，称曰版纳趸），合十二个"版纳"为一国，故车里土司，又有十二版纳之称。"蛮"之义为村寨；"猛"之义为县；"版纳"之义为府或州，为一种行政区划[①]。盖昔时车里分配上纳中缅田赋钱粮贡礼区划之名称，亦即其行政之单位也。十二版纳，可以译为十二州，或十二府。薛福成曰：十二版纳，夷言十二府，即此义也。我国学者不查，有就字面附会为版图归纳之义者，误矣。有乾折版纳及干朵版纳之分：对中者，为乾折版纳，又称钱粮版纳；对缅者，称干朵版纳，即贡礼版纳。各书对十二版纳之区划，颇呈歧异。民国十三年，猛遮刀忠良君，为由渤文典籍录出者，其区划如下：

1. 顶真、猛海、猛阿、猛养、猛宽、猛醒、猛远

①解详第一章第一节。

为一版纳。

2. 猛笼为一版纳。

3. 猛遮为一版纳。

4. 猛潜（猛板附）、猛腊（补角、补竜附）为一版纳。

5. 六顺、整董、猛旺、竜得为一版纳。

6. 车里坝、橄榄坝、猛岜、猛松为一版纳。

7. 猛满、猛亢（即猛康）、打洛为一版纳。

8. 猛捧、猛润、猛漭为一版纳。

9. 普腾为一版纳。

10. 思茅（猛伴附）为一版纳。

11. 猛乌、乌得为一版纳。

12. 倚邦、易武为一版纳。

上列十二版纳，或一猛为一版纳，或数猛为一版纳不等。同一版纳，而区域又不尽相毗连。刀君为言：但求户口及田土面积，大概相等，可以均等负担一部分钱粮贡礼者，即秦、越亦可并作一版纳计，如猛腊之与猛潜，思茅之与猛伴是也。

清朝《文献通考》：以（1）车里，（2）六困（即六顺），（3）倚邦，（4）易武，（5）普藤，（6）猛旺，（7）整董，（8）猛乌，（9）猛腊，（10）猛遮，（11）猛笼，（12）猛往为十二版纳。

薛福成出使日记，以：1. 猛拉太（即六顺），2. 猛纪（即猛遮），3. 猛郎（即橄榄坝），4. 猛丰（宁洱泖名猛缅，亦名猛丰，此当指猛捧），5. 猛拉（即猛腊），

6.猛虎（即陇虎，在易武南，然地甚小），7.猛洪（疑即指车里坝），8.建东（即整董），9.猛兴（即普腾），10.猛邦（疑即猛旺），11.猛衣佛（即易武），12.猛龙（即猛笼）等为十二版纳。

其对缅者，或谓因缅人例外之苛索，必得析宣慰使直辖地，另为一版纳，而为十三份徵贡，是为干朵（缅语朝贡）版纳，或称十三版纳以此。但据渤史中卷所载，小历九三五年（公元一五七二年），车里进贡阿瓦，则仍仅十二个单位。其区分如下：

1.景昽（车里坝）、猛罕（橄榄坝）为一版纳。

2.猛遮、景鲁、猛翁为一版纳。

3.猛笼为一版纳。

4.猛潘（猛混）、猛板为一版纳。

5.景真（顶真）、猛海、猛阿为一版纳。

6.景洛（打洛）、猛满、猛昂、朗妄、猛康为一版纳。

以上为江西六版纳。

7.猛腊、猛伴为一版纳。

8.猛岭（普腾）、猛旺为一版纳。

9.猛拉（包括思茅及六顺）、猛往为一版纳。

10.猛捧、猛润、猛漭为一版纳。

11.猛乌、乌得为一版纳。

12.整董、播腊（倚邦）、易武为一版纳。

以上为江东六版纳。

上列十二版纳，区划历然。渤文载籍所分十二版纳，当以此为准。其同书下卷所载十二版纳之区划，疑有错误，兹不取焉。

至我国旧时所云十二版纳，则又系以每一土千总或一土把总地为一版纳，计：车里宣慰使司，原辖有猛遮土千总、普腾土千总、橄榄坝土把总、猛笼土把总、猛阿土把总、易武土把总、猛腊土把总、六顺土把总、整董土把总、猛旺土把总、倚邦土把总、猛乌土把总及乌得土把总等十三土司地，故曰：十三版纳。又《普洱府志》载："顺治十八年，吴三桂以普洱、思茅、普腾、茶山、猛养、猛暖、猛捧、猛腊、整歇、猛万、上猛乌、下猛乌及整董为十三版纳。"则又与以每一土千总或一土把总地为一版纳之说有异。自猛乌、乌得两土把总地，于光绪二十二年，割让法属之后，已不复有十二版纳矣。至民国以来所言之十二版纳，则又系专就普思沿边特别区一区域而言，范围尤小。

第七章　经　济

一　农　牧

　　十二版纳一般财货之生产消费及分配，仍不脱原始小农经济范畴。间有小手工业，如妇女之纺织缝纫，男子之土木金石等工作，仅于农暇时为之，视为农家副业。其主体仍为农业，而农产品以粮食为大宗。

　　粮食：十二版纳居民，均以稻米为主要食粮，原居之摆夷族，以糯米为主食；山居之阿卡、倮黑、蒲蛮等族，以及散居各处之汉人，以粳米为主食。米谷种类繁多，有白糯米、紫糯米、香糯米、白粳米、红粳米及香粳米等之分。大别之可分为水稻及旱稻两种。平原及山地有水源灌溉之处宜水稻，高山乏水地带宜旱稻。水稻于阳历五六月插秧，十月或十一月收割，低热地带，可提前两个月或三个月插秧及收割。旱稻于四月点种或播种，七八月收割。极少灾害。九龙江坝、橄榄坝等低热盆地，年可两熟；猛遮坝、猛海坝等高凉盆地，年仅一熟。每年产量，向乏统计，就人畜之消费，鼠雀之耗损，以及储存等各方面数目，加以推算估计，年产额约有七百八十万挑（每挑约五十公升）之谱。除供本境需求之外，尚有大量余粮，可供输出。普腾及蛮歇（蛮歇所产，称为麻线米，在思茅、宁洱，最为驰名。）两坝之余粮，输出至思茅、宁洱销售；猛遮及猛往两坝之余粮，输出至澜沧一带销售。其他各地之余粮，则限于交通，无法输出。此外尚有小麦、玉蜀黍、高粱、荞麦及各种豆类之生产，仅供本境需求，尚鲜输出。

紫梗：十二版纳各县，皆盛产紫梗（《本草集》解作紫铆）。在民国十四五年时代，由十二版纳运至泰北昌莱（景海）府及缅北锡箔掸邦一带销售之紫梗，年约二千担。自缅、泰产量增加，驮运费用高涨，售价不足以偿付远费之后，十二版纳之紫梗事业，遂完全停顿。至国内所需大量之舍来克片（又名洋乾漆），仍赖印度供给。如十二版纳能有一铁路通至昆明，则十二版纳所产之紫梗，不难供应全国之需求，毋须年耗巨额外汇，而远购自印度也。

树胶：十二版纳原产有一种藤本橡胶，曰"黄角浆"。在泰、缅植胶事业，未甚发展以前，年出口千数百担。自泰、缅树胶大量增植以来，十二版纳，以地居内陆，交通费用过巨，遂无法出口。二次大战前，有闽人钱仿周君，由南洋至十二版纳考察树胶，认为车里县属之橄榄坝一地，气候土壤，俱适宜于树胶之繁殖，进行中而日军南进，钱君被阻于南洋，事遂中辍。战后，钱君由南洋运有树胶苗二十万株至橄榄坝。当时车里县政府，曾给予甚大之便利。如划拨胶园土地，及鼓励土人供给劳力等，皆为尽最大之努力。下土胶苗，发育良好，前途希望甚大。

草棉：十二版纳若干倾斜当阳地带，均适宜于草棉之繁殖。如车里县属之橄榄坝、大猛笼、攸乐山、三迈山；佛海县属之南部各山区；六顺县属之慕尼山（猛令山）；镇越县属之旧笼山、广丙山及南峤、宁江两属之山坡地带，皆有生产。计：

橄榄坝区，年产　　七零零担

大猛笼区，年产　　五零零担

攸乐山区，年产　　三零零担

三迈山区，年产　　二零零担

佛海县属，年产　　三零零担

六顺县属，年产　　五零零担

旧笼、广丙，年产　四零零担

南峤县属，年产　　三零零担

宁江局属，年产　　四零零担

全年共出产三六零零担，以每人每年需棉三斤计算，尚有不敷。但橄榄坝、大猛笼、攸乐山、六顺及宁江所产棉花，除供本地消费外，尚有一部分输出至思茅、宁洱、墨江、元江、石屏一带销售。而由河西、玉溪、宁洱、思茅输入小布，形成输出原料，输入成品之趋势。同时外域日本、英国、印度及缅甸之洋布，及缅、印之棉纱，亦年有进口，以补其衣料之不足。今后若能利用新式机械，从事纺织，并推广植棉，则十二版纳之衣被，即不难自给自足，更不必输出原料，而易回成品——布匹也。

木棉：十二版纳各地，普遍滋生一种木棉[1]，边地汉人呼为大树棉花，高一丈四五尺，一次栽种，可得多年收获。丝质洁白细韧，纤维长，可纺二十支以上之细纱；边地草棉，仅可纺出十支左右之粗纱。土人因其纤维太长，土法弹花弓，无法弹开利用，同时病害较多，遂未推广。著者于民国十四年间，曾在佛海试种。其后，云南建设厅传其种于开远，始引起国人之注意。今后但能在边地设置新式纺纱机厂，即可推广种植，以丰厚边民之衣着也。

水果：十二版纳，因地居热带，盛产热带果品。同时因各地海拔高低不一，海拔较高地区，气候温和，温带果品，亦随在皆有。普通常见之果类有：椰子、凤梨、韶子、芒果、香蕉、檬果（即波萝蜜）、荔枝、龙眼、香荔枝、番石榴、罗望子、万寿果（即番木瓜）、槟榔、三桠、橘、柚、柑、橙、香橼、柠檬、余甘、橄榄、羊桃、樱桃、杨梅、石榴、山楂、甘蔗、西瓜、香瓜、梨、梅、桃、李、荸荠及菱角等。大猛笼及猛板之橘，因限于输力，每年输出至缅境者，仅五六百驮。倚邦之橘，则销至思茅、宁洱。其他不能久储之果品，尚无法输出。将来石佛铁路及中泰公路完成，则大猛笼及猛板之橘，尚可运至泰国之京都曼谷销售，换取外汇。而香蕉、芒果、凤梨之类，则可运至昆明，以供内地人士之食用。

---

[1] 此种木棉，是一种灌木。不是"落红没尽郎马蹄"，滇人普遍呼为攀枝花，专供实枕作褥的那一种大乔木"木棉"。

111

森林：十二版纳，以地居热带，故热带植物遍地滋生，如多罗、枫多、椰子、菩提、楷木、桄榔、棕榈、黄栗（可作铁道枕木）、麻栗等，随在皆是。而海拔高处，又往往滋生耐寒植物，如松、柏、杉、桧等针叶类。温带植物尤多。寒、温、热三带植物，会集一地，蔚然大观。其种至繁，难于枚举，且多不经见者，其中当不乏新种。民国二十五年及二十八年，静生生物考察团，曾先后到十二版纳采集各种植物标本。闻全部采获之标本，尚保存于昆明之黑龙潭方面，未经整理，所以世人尚无法能知其大概。十二版纳之森林面积，估计约不下四万平方里，几占十二版纳全境之半。只以地旷人稀，交通梗塞，参天古木，在内地视为非常宝贵者，此则任其枯朽满山，无人取用，且时为旅行者之绝大障碍。边民每于秋收之后，纵火焚山，逼兽出走，然后猎取，每每为一麂一鹿之微，而牺牲若干方里之森林，则在所不计。亦喜无故放野火。政府亦一向不予管制。傜、苗、阿卡、倮黑、蒲蛮等族，所居皆崇山峻岭，森林尤富。伐木焚山，以植五谷，即利用木灰，以作肥料，肥沃无比。三五年后，地力减退，杂草丛生，则又舍去，另辟其他森林地带，播种五谷，交换轮流，损害森林，非常巨大。今后对边地森林，政府应特别注意，切实保护。至山居民族之粮食，则勿妨另予挹注，勿使其再滥毁森林，增加童山。

畜牧：十二版纳社会经济之主体为农业，畜牧之最大效用在辅助农耕，其次供食用及输运。助耕之水牛，极为边民所重视。全境约有水牛八万头，除用以犁田而外，亦作食用。摆夷尤嗜水牛肉。黄牛约十二万头，主要供运输，其次供食用。象马驴骡，供乘骑及输运。象仅宣慰使家豢养，象征其地位之高贵。猪羊专供食用，全境豢猪约二十万口。骡马不足五千匹。羊最少。鸡家家有之，平均每户养鸡不下十只。近水之处，兼饲鸭鹅。水牛黄牛，除供本境力役食用之外，每年尚有大批赶赴澜沧之卡瓦山区货卖，得利优厚。

二 工 矿

茶业：有谓，十二版纳，为我国大叶种（Shan 种）茶之原生地。景谷茶[①]、顺宁茶以及缅甸之大山茶、别杠茶，印度阿萨密茶[②]、大吉岭茶，其大部或一部分种籽，均传自十二版纳。驰名全国之普洱茶，实际即产于十二版纳境内，而不产于普洱，即现在之宁洱县地面。清雍正七年，改土归流，以江内之思茅、普腾、整董、猛乌、橄榄坝及六大茶山[③]等六版纳地置普洱府。当时六大茶山之茶产量，为数至多，而江外所产之少数，又必须与江内产，通通集中于普洱、思茅上

[①] 猛松老叭言：景谷旧不产茶，约当民国前二三十年左右，景谷人始至猛松之蛮咧，采购茶籽，回景谷播种，而发展为今之景谷茶。

[②] 为印度人开始种茶之粤籍工人犹健在，为言其种采自滇边十二版纳。

[③]《滇海虞衡志》:攸乐、革登、倚邦、莽芝、蛮耑、慢撒为六大茶山。《云南通志》：以攸乐、革登、倚邦、莽枝、蛮耑、慢撒为六大茶山。《普洱府志》：以攸乐、易武、倚邦、莽芝、蛮砖、慢撒为六大茶山。《普洱茶考》：以倚邦、易武、革登、蛮砖、架布、嶍崆为六大茶山。

纳课税及制造，向内销售，以普洱、思茅为集散地。普洱为府治，六大茶山属普洱府管辖，普洱茶一名之由来，盖即以此。

十二版纳产茶地区，分布甚广，然大都位于海拔四千英尺以上倾斜地带，四千英尺以下之地区，甚少产茶。江内方面，有倚邦（现属思茅县）、易武、漫撒、架布、蛮砖、莽芝、革登、蛮松（以上属镇越县）、攸乐（属车里县）等地；江外方面，有南糯、猛松、蛮芳（以上属车里县）、猛海、猛遮、苏峁、黑龙塘（以上属佛海县）、猛遮、顶真、猛翁、西定、景鲁、猛满（以上属南峤县）、猛阿、猛往、蛮糯、猛康（以上属宁江设治局）等地。

十二版纳茶叶产量，根据历史之记载，已今不如昔，而江内江外，互有消长。据十八世纪末叶，檀萃所著之《滇海虞衡志》所载，以江内之六大茶山之产量为最多。虽乏确实数字报道，但以其所载"入山作茶者数十万人"一语衡之，其产量决非少数。观由易武、倚邦通至思茅、普洱长凡五百余里之运茶石板大道，不难想见当时茶运之频繁，民间财富及人力之充沛。据故老口碑，清道光、同治间，易武区产额为七万担，倚邦区产额为二万担，年共产九万担。杜文秀乱后，产量锐减。光绪二十年间，易武区产额，减为二万担，倚邦区产额，减为四千担，年共产二万四千担。宣统间，易武、倚邦两区，年共产一万三千担。民国七八年，再替减至六千七百担。民国十年以后，江外产量，逐年皆有增加。日军南进前，车里（江内之攸乐，未计在内）、佛海、南峤、宁江四县之产量，增至三万七千担。然尚有若干茶山，未经采摘。若再觅得市场，则十万担之产量，不难达到也。

十二版纳茶产季节，约自清明前半个月左右开始，至霜降止，即由小历六月起，至十二月止，凡七阅月。除中间稍有间断之外，随时皆可采摘。产于清明之前后半个月者，通称春茶。清明前产者，嫩芽皆被白毛，因又名曰白毛尖，或简称毛尖，或曰春尖。春茶之后，叶色转为乌黑，水色最为浓艳，称曰黑条。黑条之后，雨水盛发，茶质淡薄，叶较粗大而色微黄，是为二水茶。二水茶之后曰粗茶。粗茶叶老色黄，茶质尤淡，品质最劣。粗茶出产之后，须间断一个时期。至稻子扬花之时，茶树复抽放嫩芽，与春尖相似，唯茶质较淡，芽尖亦较粗大，是为谷花茶，盖以其萌芽于稻谷盛花之时而得名。谷花茶之后，再产一次粗茶。于是冬季来临，采摘停止，农家料理收割稻子去矣。盖茶仅为十二版纳农家之副业也。

茶叶采摘回家之后，先置釜中炒使凋萎，倾竹席之上，用手往复揉捻成条，然后摊放竹席，就阳光下曝干，干后即可担入市区货卖。或装入竹篮，待价而沽。每篮装茶三十公斤，两篮共重旧衡百斤，适合马匹驮载，称为一驮，是为散茶，亦即初制。此项初制之散茶，十九集中佛海，再制为各型成品，分销各地。少数运至思茅、昆明、石屏等地销售；一部分由宣威茶商，雇领人夫，数百成群，直接到边地购买，即由带来人夫，背运至滇东一带销售。每人背茶一百斤，至一百五十斤，日行二三十里，约须一两个月之时间，方能背至宣威。时有体力不胜，沿途倒毙者。此方称此类人夫为"老背背"。交通不便，对于人力人命之浪费，至足惊人！

厂家购得土人初制品之散茶，依其品质，再分别制为方茶、圆茶、砖茶及藏庄紧茶等。春茶或谷花茶与黑条茶，可合制方茶、圆茶及砖茶；黑条茶、二水茶与粗茶三种，则专作制造藏庄紧茶之原料，称为三搭货茶，价最低廉。抗战期间，中国茶叶公司及思普茶场（后改思普企业公司）均至佛海设厂，收购鲜叶，利用机器，以科学方法，制造红、绿茶及非常名贵之白茶。思普茶场，并自辟茶园于南糯山，大量种植茶树，以为示范。

十二版纳茶市，可分为江内及江外两区，江内以易武为中心，江外以佛海为中心。江内倚邦、易武方面，以制造圆饼茶，亦称七子圆，亦即广府人所称之普洱茶为主；少数制为方块茶。概行运销越南及中国香港一带，极少数内销至思茅及昆明，年共六七千担。后因越南关税壁垒森严，无法通过，一度改制为藏庄紧茶，集中佛海，转销至西藏。江外佛海方面，以制造藏庄紧茶及砖茶为主。紧茶年产最高额为三万驮，每驮两篮，共计三十六小包，每小包内装心脏形茶团七枚，共二百五十二枚，每枚重约六两八钱，每驮共重约一百零七旧斤（战前每驮在印度售价为五十卢比，战后为三百卢比）。砖茶年产最高额一千驮，每驮二箱，每箱二十小包，每小包内装茶砖三块，每块重十四两旧秤，两箱为一驮，共重一百零五旧斤。紧茶及砖茶，概行运经缅甸、印度，销入西藏；少数分销至尼泊尔及不丹等国。圆茶年产额最高达六千驮，每驮二篮，每篮各十二小包，每小包内装茶饼七片，重四斤十二两，称曰一筒，两篮共重一百一十四旧斤，多数远销缅甸、暹罗、马来西亚及中国香港方面，少数远销入内地。

佛海所产红茶，名曰"佛红"，色香在祁门红茶与大吉岭红茶之间，色较祁门红茶浓艳而香逊，香较大吉岭红茶馥郁而色逊。在二次大战过程当中，由中国茶叶公司选派国内著名茶叶专家范和钧氏至佛海设厂制造，主持易货，出品优良，在伦敦市场，曾获好评。战后西方人士，尚有来函索取者。

解放前，每届冬晴季节，祥云、镇南、蒙化、景东等县，成千成万之后路马帮[①]，都向佛海集中，为各茶庄驮运茶叶出口。由佛海至缅甸景栋一道，三百余里，满山遍野，连帐如云，炊烟四起，人喊马腾。把一个阒寂无闻之边荒地区，顿时渲染得有声有色，生气蓬勃，闹热无比。由景栋载茶西行至瑞仰火车站之载货汽车，数十百辆，日夜风驰电掣，络绎不绝。沿途千数

[①] 思普区方面，称玉溪、峨山、通海、河西一带之马帮，为前路马帮；祥云、镇南、蒙化、景东一带之马帮，为后路马帮，后路马帮运边销售之货品，通称后路货。

百里，赖以为生活者，不知凡几。十二版纳茶业，与滇西南边疆内外之繁荣，其关系盖甚巨大也。

十二版纳所产各种茶叶，当以用科学方法制造之红茶之前途，最有希望。旧法制造之方、圆、砖茶及藏庄紧茶，各有其值得注意之市场。藏人因地理环境之特殊，每日非饮用大量之酥油茶，不足以为营养，御严寒。而酥油不得茶则腻，无法多食，因之茶销费量极大。除由四川一路供给之外，每年尚须由佛海供给三数万驮之紧茶及数千驮之砖茶。唯是，十二版纳方面，对于方、圆、砖茶及藏庄紧茶，仍沿用旧法制造。初制茶用日光缓缓晒干，香味损失几尽。一般厂家，均习惯以次等或劣质茶叶，包入中心，使购用之人，蒙受损失。今后厂家制造方、圆茶及砖茶，应限用春尖或谷花尖与黑条，并以黑条茶为主，不宜暗中掺入二水茶。制造藏庄紧茶，应限用黑条茶，或略加少量之二水茶，以减低售价，供大众饮用，不宜掺入粗茶。同时应教导茶农，改良制法，保存香味，并禁采粗叶。此外，对于装潢及卫生上，均应改进，为饮用之人，作忠诚之服务，然后方可维持原有市场而扩展之也。

樟脑：十二版纳，次于茶叶之外销农家副产品，当推樟脑。台湾樟脑，取自樟树茎干，须将整株樟树伐下，再用机械将其茎干刨成小片，然后蒸馏，始能取得樟脑。约须栽培二十余年，可资取用一次。樟脑既得，树即不存。十二版纳之樟树则异于是，脑含叶中，只须采取叶片蒸馏，即可取得樟脑。逐年采取樟叶制脑，对于樟树本身，不唯无损，反能促其发荣滋长。间年一采，得脑尤多。故边民多采取间年轮流采摘办法。如去年采自甲山，则今年可采乙山，明年再往采甲山，轮流采摘，年年生产不断。每当冬晴农暇季节，产樟区域之边民，多自由入山，采取樟叶，就流水之处，掘地作灶，上置二尺来口径铁锅，锅中盛水，锅上置大木甑，甑中满实樟叶，甑顶再置一铁锅，锅中笕入流水，作为冷却器，然后拾薪生火，换水一二次，即可取下冷水锅，就锅底刮取结晶之樟脑。每二十缅斤净脑，装一竹篮，竹篮四周以及底面，衬以竹箬。两篮为一驮，合旧衡一百一十斤，交驮马运至缅甸景栋，或再转运至仰光，即可销售。樟脑容易挥发，而竹篮竹箬，尤易走气。由佛海至景栋，行程六日，约折耗十一分之一；仰光炎热干燥，折耗尤大。佛海装篮四十缅斤，到达仰光之后，往往仅余二十多至三十缅斤矣。每年由佛海输出樟脑，大约在五百驮至六百驮之间，总值约十三万左右之银圆。其年产额之多寡，决定于订货者之需要量。如能扩充销路，则产量不限于每年五六百驮之数额。边民制造樟脑，方法陈旧，出品不佳，副产之各级油类，概行倾弃，不知利用。十二版纳野生及栽培之樟树极多，车里、佛海、南峤、宁江一带之山区，所在多有。值得予边民以巨大之助力，而促其充分发展也。

纺织：十二版纳纺织工作，专由妇女担任，以供给全境男妇老幼衣被之所需。所产布匹，汉人称之曰梭罗布，纬线须先浸入冷水令泾，然后入梭编织，是其特点。每匹长六拿（约三十六英尺），宽一肘（约十八英寸），售价六银圆，颇为思茅、宁洱一带住户所乐用。边民纺车织机，构造简单笨拙，效率低，且须待农作有暇，家务处理完毕之后，方能操作，因之出产不丰。原已不足供本境之需求，又须供应内地少数县份之采购，所以十二版纳每年所需布匹，尚须由内地，如：河西、玉溪、宁洱、思茅等县，购入小布；由外域，如：印度、缅甸、日本、英国等地，购入洋布补充。将来若能利用新式纺织机器[①]，从事纺织，大量生产，则不仅可以自给自足，且可输出也。

造纸：十二版纳各地，均能自制一种构皮纸。其法：取构皮加石灰煮烂，捣去杂质，留其纤维，然后以木为框，以梭罗布做框底，半浸水中，取构皮纤维一团，摊布框中使匀，取出晒干而成。纸面印有布纹，质地坚韧，土人用以抄写经卷，他如一切公私书翰账册契据之类，皆所利赖。内地人士，亦喜其坚韧耐用，历久不朽，房屋田地契约，多采用之。然仅农余副业，出数不多，不足自给，每年尚须由缅甸掸邦输入一部分补充，通称缅纸。构树在十二版纳各地，皆极易滋生，其他可供制纸之木材竹类尤多，造纸事业，将来尽可扩展也。

制糖：十二版纳，普遍产蔗，低热地带，所产尤

---

① "思普企业公司"曾设有一小型纺纱机，但出品不佳，效率亦低。

丰。大体分食用蔗及制糖用蔗两种：食用蔗肥壮松脆，称曰甘蔗，削去外皮，即以供食；制糖之一种，茎细节密，外皮紧厚，专作制糖原料，不当果品食用，称曰竹节蔗。土人制为红糖块，包以竹箬，每包二块，重一板（三十三两），故称板糖。每板售银二角至五角不等。唯雨天易受潮变软。六顺之整奈坝及佛海之猛潜坝两地，所产较佳。整奈糖通常销售至思茅，猛潜糖销售至缅边。

酿酒：十二版纳各民族，大都嗜酒，因之酿酒一业，遂非常普遍。穷乡僻壤，无处不可以买醉。稍微像样一点的街场，每到赶街天，土人酒摊，连接如长龙。假使你袋中空空，而又渴望能得一醉的话，你可以提一酒罐，向每一个酒摊，蹲下去，索尝样酒些许，毋须破费分文，担保你不待走完那长龙般的酒摊，你便已陶然不知东西南北矣。酒有糯米酒、高粱酒及包谷酒之别。性烈易醉，酒精成分，普遍均在四十度以上。车里洞索出产之糯米烧酒，含酒精成分在五十度以上，边地居民，许为唯一佳酿。倾入杯中，能起泡沫，久之不散，称为堆花酒。

金石：十二版纳，有金银工，有铜工，有铁工及石工。金银工制造男女用装饰品，如：耳环、镶镏、手镯、脚镯、簪、钗、髻花、戒指、项圈、颈链、钮扣之类，亦制槟榔盒、草烟盒、水盂、托盘，及包镶长刀之鞘柄，镂花均精细，别具风格，不同于内地。铜工制锣锅、茶壶及面盆。铁工铸犁，并锻制刀、斧、锤、镩、剪、钳及三脚灶之类。石工多从事小型佛像及小型佛塔之雕制，亦制石磨及小型盐臼供家用。

陶工：本地陶土制器，有砖、有瓦、有土锅，均作红色，易破碎。有饮料水壶，制分红、黑两色，黑色之一种，若陈年锡器，颈长腹大，腹有几何图案花纹，颇为内地人士所欣赏，多购置案头，供养鲜花，甚雅致。内地来边陶工，能制青色砖瓦，亦制水缸、坛、罐、壶、盆、盃、碗，均加釉，甚坚固，为边民所乐用。

矿产：十二版纳，矿产丰富，金、银、铜、铁、食盐，所在多用。如猛阿（属宁江）、猛远（属镇越）及车里坝澜沧江两岸之金；蛮禄山（属佛海）、公中保（属镇越）、干沟及白马山（均属六顺）之银；整董白象山（属江城）及仁和乡老黄寨（属旧普文县）之铜；猛满（属南峤）及补竜新山（属镇越，所产铁矿，矿质极佳，现有存者，开于道光年间，以汉夷不睦，至咸丰中停）之铁；整董哈烈及车里坝子之石油（民初，行政总局内掘有一井，深七八公尺，有少量石油流质渗出，不能饮用，亦不能浣洗衣物；又美教会在其处掘井，亦有同样之发现）。有仅发现矿苗，尚未开采者；有已从事开采，因人事及资金不继而中辍者；有开采已具规模而因变乱停办者。然皆未经专家实际勘测，究竟每个矿产之蕴藏量若干？矿质含量之百分比若干？以及有无开采之价值等等，皆无从获知，无法作正确之报道。唯镇越县属之磨歇区盐矿，开采多年，已著成效。计：磨歇一井，年产盐七十德；磨竜年产二十德；尚冈、尚勇、磨老、磨憨、王四竜、磨琮卢六井，年产一十德，总计全年共产盐一百德。每德折合库平二万零六百二十五斤，共折合库平二百零六万二千五百斤。本境每年约须消费食盐九十万斤，原足供十二版纳全境之需求而有余。无如由磨歇至车里、佛海、南峤、宁江、六顺一带之交通，非常不便，须时亦久，因之六顺、宁江、南峤、车里及佛海各县所需之食盐，仍须仰赖宁洱县属之磨黑、石膏两井所产之食盐供给。磨歇方面所产食盐，除供镇越南部各乡食用外，概输出至寮国及景栋毗连寮国之村庄销售。战前每德售越南银币七百元，年可获外币六万余元。又六顺、猛伴、磨者、整董各地，亦产食盐。磨者、整董两产盐区，在清初产盐旺盛，整董且设有兼管磨者盐井之盐大使一员，当年产盐之富，不难想见。猛满之铁矿，普思沿边行政总局长柯树勋，曾于民国十二年，招集商股开采，得粗制铁数十万斤，以铸铁锅，受热易裂，不能推销。柯总局长死后，中辍甚久。民国二十一二年，王承义等，复集资继续经营，除铸锅而外，兼以铸犁，对受热易裂此一缺点，仍无法改良。王死后，遂停顿至今。猛满铁矿之蕴藏量，未经专家测量，未得其数。然视其矿区范围之广大，其蕴藏数量，当甚丰富。旧产生铁，原不必限于范铸釜犁，但边地除大小铁锅及犁，有其良好之销路而外，次即锻制刀、斧、镰、锯所需之钢铁。而边地尚无此项人才，

能将猛满铁矿，加以锻炼，以适应当地之需要。且不
仅此一项为然，所以边地许多产物，仍不免货弃于
地也！

三　商　业

贸易：十二版纳出口商品，以茶叶为大宗，分外
销及内销两途。由佛海外销至印度，再转销入西藏及
不丹、尼泊尔方面之藏庄紧茶及砖茶，年共三万驮，
销至缅甸、暹罗、马来西亚及中国香港方面之圆茶，
年共六千驮，合计三万六千驮，共值卢比一百八十万
盾。内销至思茅方面之散茶，年约一千驮，值滇银二
万元。由倚邦、易武外销至越南及中国香港方面之圆
茶，年约五千驮，值越币二十五万元。又由佛海外销
至缅甸之樟脑，年约五百驮，值滇银十三万元。由车
里、镇越、六顺、宁江等地内销至思茅、宁洱、墨江、
元江、石屏一带之棉花，年约八百驮，值滇银十六万
元。由车里、佛海外销至缅甸及暹罗之紫梗，多年前，
年约二千驮，值滇银三万六千。由车里、佛海外销
至缅甸及由倚邦内销至思茅、宁洱之柑橘，年约一千
驮，值滇银二万四千元。由各地内销至澜沧卡瓦山之
水牛，年约三百头，黄牛年约七百头，合计一千头，
共值滇银七万三千元。内销至思茅、宁洱方面之梭罗
布，年约二千匹，值滇银一万二千。由佛海外销至
缅甸边境，及由六顺内销至思茅之红糖，年约三百驮，

值滇银六千元。由边地内销至思茅、昆明一带之山货，包括鹿茸、象牙、虎豹皮骨等，年共值滇银五万元。

入口商品，以纱布食品为大宗，分舶来及国产两类：由印、缅舶来之粗棉纱，年约五百驮，值滇银（下同）五万元。由印、缅、暹、越、英、日等国舶来之洋布、呢、绒、人丝织品，年约五百驮，值七十万元。由内地运来之各种国产布匹，年约三百驮，值二十七万元。以上为纱布类，共值一百零二万元。由景东、蒙化、镇南、祥云一带运来之后路货，包括冰糖、瓜子、乳扇、粉丝、核桃、大枣、挂面、火腿等，年约三千驮，值三十万元。由磨黑、石膏两井运来之食盐，年约五千驮，值二十五万元。由缅甸、暹罗、越南舶来之牛奶、饼干及其他罐头食品以及海产品等，年约二百驮，值五万八千元。以上食品类，共值六十万八千元。由缅、暹、越舶来及由内地运来之火柴、肥皂、牙膏、牙刷、毛巾、香烟等，年约三百驮，值三万元。毡毯等，年约二百驮，值九万元。五金制品，年约六百驮，值六万元。陶瓷器，年约五十驮，值一万二千元。文具类，年约二十驮，值一万元。中西药品，年约三十驮，值一万元。入口商品总值滇银一百八十四万元。

街子：上古穴居野穴，生活简单，尚无互相往来之必要。继后从事稼穑，但亦不过"日出而作，日入而息，凿井而饮，耕田而食"，自给自足，往来亦不甚繁。逮文明进步，生产剩余，人们对自己所生产者，不能感到满足，于是发生互通有无之交易行为，而原始市场，亦渐始形成矣。十二版纳，僻处云南之西南极边，此种原始市场，极为普遍，随处可以看到，如《南部新书》所载："端州以南，三日一市，谓之趁墟"；及柳宗元诗："绿荷包饭趁墟人"之情形。不过十二版纳之交易不繁，概行五日一市。择适中地点，建筑茅篷若干，以为陈列货品之所。车里、佛海两县，并建有新式市场。露天无篷者，曰"草皮街"。渺语谓市场曰"戛"，译言"街子"。如岭南之墟，齐、赵之集，四川之场。大都日出而集，日中而散，谓之赶街。交易买卖，多数由妇女出面主持。商品有饮食类、燃料类、衣饰化装品类、五金竹木制器类、陶瓷类、建筑用材料类、乐器文具类、中西药品及山货等多种。偏僻小市，则货品寥寥。交易媒介，以云南半开银币为主，辅以铜圆。毗连运越南之处，兼行使越南币（Pastre），俗称"法洋"，亦称"板椿"；毗连缅甸之地，则行使卢比（Rupee），称曰"小钱"，亦曰"小洋"。亦有以物易物者。在清末民初半开银币尚未行使至边地以前，系以一种锅形薄银块，称为锅片银者，为交易之中准。锅片之前用贮子（即贝子）。

若因旧市场发生不祥事故，或经当地佛寺主教，卜得有须另辟新市场之必要时，一般居民，俱应至新择定之地址，从事一应开辟新市场之工作，并掘取旧市场中泥土若干，移埋新市场之中心，以为奠基。新市场开幕之日，须屠一牛、一猪及一犬。摆夷最忌屠

犬，唯新市启幕，则又以屠犬为敬神祭鬼唯一必备之
礼数。然后请当地长官土司头目等，攀登场中高台，
恭致祝词，并撒布铜圆。赶街之人，俱以能拾获一枚
为幸运，亦以广招来之意也。

十二版纳现区域之内，街子凡三十有六：属车里
县者十六，曰：景迈（即宣慰街）、戞洒、戞兰、景
德、戞董、猛笼、蛮蚌、戞竜、戞竜灰、戞听、戞里、
戞颊满、猛养、土锅寨、蛮迈及蛮芳；属南峤县者六，
曰：猛遮、蛮洪、戞雁、戞琪、顶真及猛满；属佛海
县者四，曰：猛滑、猛海、景洛及猛板；属镇越县者
四，曰：猛腊、猛捧、猛岜及猛游；属六顺县者二，曰：
整奈及官房；属宁江设治局者二，曰：猛往及猛阿；
属江城县者一，曰：整董；属思茅县者一，曰：普腾。
凡逢丙逢辛日所集之市场，曰："戞竜"，译言大街，
为数最多，大都位于重要酋长之所在。逢戊逢癸日所
集之市场曰"戞白"，或曰"戞雷"，译言小街，为数
次于大街。又其次则为逢甲逢己日所集之市场，曰：
"戞真"，译言街三。第四为乙庚街，曰："木里"，译
言街四。最少为丁壬街，曰："木伦戞"，或曰："戞
里"，译言街一。此外，每逢年节之先一日，或数日，
以及守夏节中（凡三阅月，每月四次，每七日或八日
一次），又有特别增加之集市。交易之主要商货为宗
教用品，及肉食之类，不与于五日一轮之例，称曰
"赕街"。

较大盆地，如车里坝、橄榄坝和猛遮坝，各有五

个或四个街子不等。做买卖之人，担负货物，或驱着驮马，今日赶此一街，明日又赶彼一街，一年到头，走马灯一般，为他们的生活，奔波劳碌，周回不息。

市场所在，一至街期，东西南北，四面八方，各式各样之人，如：摆夷、阿卡、倮黑、蒲蛮、卡康、窝泥、攸罗、卡摩、苗子及傜人等，都集中市场，售出其生产品，购入必需品。各民族各有其特异的服装，各有其特殊之言语，一如举行人种展览会一般，衣裳斑斓，光怪陆离，侏离駃舌，粉然杂陈，真令人目迷五色，耳乱五音，应接不暇。

附　十二版纳各地街子日期表

县别	土司	丙辛街	丁壬街	戊癸街	甲己街	乙庚街
车里县	车里宣慰使司	宣慰街	戛洒	戛兰	景德	戛董
	猛笼土把总司	猛笼城子			蛮蚌小街	
	橄榄坝土把总司	戛竜	戛竜灰		戛听	戛里
	景哈土目			戛颊满		
	猛养土目	土锅寨*		猛养城子		
	猛崧土目		蛮芳			蛮迈
佛海县	猛海土把总司			猛海城子		
	猛滛土便委司	猛滛城子				
	打洛土便委司	景洛城子				
	猛板土目			猛板城子		
南峤县	猛遮土千总司	猛遮城子		蛮洪	戛雁	戛琪
	顶真土便委司				顶真城子	
	猛满土使委司			猛满城子		
镇越镇	猛腊土把总司	猛腊城子				
	猛捧土便委司	猛捧城子				
	猛岺土便委司	猛岺城子*				
	猛漭土目	猛漭城子				
六顺县	六顺土把总司	整奈坝			官房	
宁江设治局	猛往土便委司	猛往城子				
	猛阿土把总司			猛阿城子		
江城县	整董土把总司	整董*				
思茅县	普腾土千总司	普腾城子*				

附注：凡有 * 号之街子，为现已停废，而尚未恢复者。

第八章 信 仰

一 佛 教

摆夷、蒲蛮，皆信仰佛教，佛寺佛塔，露顶耸立，弥望皆是。泐语谓佛寺曰：Wad，吾人通俗称之曰："缅寺"。富庶城镇之佛寺，规模宏大，佛皆金身，饰以珠、玉、宝石、琉璃，充塞殿宇，极庄严灿烂之至；经济落后村寨之佛寺，则简陋不足观也。改流后，政府本信教自由原则，对于宗教信仰，不予干预，故佛教犹盛行。男子皆须经一次之剃度，数月或数年而后得还俗授室。入寺剃度为僧，称为"升和尚"（Mobha），须年满九足岁，年不足九岁，不能"升和尚"。生身父母，例不直接送子弟入寺受戒为僧。父兄欲送其子弟至佛寺剃度为僧者，必须预先为觅一施主，使子弟拜之为义父（Boling），以承办一切。一应为僧礼节及所需品物，均由为义父者，负责指导和供给；一部分由亲戚布施。至期①，由义父为易彩衣，加冠，给乘骑游行。其所需袈裟被褥毡毯，以及日用必需物品，亦同时由义父率领其亲戚寨邻，男男女女，舁捧步随马后，送达佛寺。"升和尚"之期，每年仅有一日，每寺每年

---

① 升和尚之日期，每年均有一定，大约在小历八月八日左右。

所收僧侣，不止一人，大都集体举行，热烈而隆重，为摆夷男子一生中备极荣耀之一日。到达佛寺之后，即依据习俗，进入佛殿，跪受佛寺主僧，或当地总主僧之戒。并由义父为卸去彩衣，披上袈裟，至此始正式为僧，称之曰："爬"（Bha），相当于僧祇律中之驱鸟沙弥，俗称"小和尚"。若干年后，大约至年十五六岁左右，即可晋升为"爬弄"（Bhalhung），相当于僧祇律中之应法沙弥，俗称"大和尚"。年满二十足岁，犹在寺为僧者，尊称为"督"（Du），约相当于僧祇律中之名字沙弥，俗称"佛爷"。"督"之上为"督弄"（Dulhung），俗称"二佛爷"。"督弄"之上为"督比弄"（Dubilhung），俗称"大佛爷"。"督比弄"之上曰"孤巴"（Ghupa），相当于吾人所称之"主僧"，俗亦称"大佛爷"。"孤巴"之上曰"孤巴猛"（Ghupameeng），或译"总主僧"，俗称"全猛大佛爷"。"孤巴猛"之上曰"阿雅云"（Ayadam Prachao），译言"僧王"。沙弥级，即年未满二十足岁而还俗者，称为"岩迈"。"督"还俗后，称为"勘喃"；贵族得称"诏摩诃"。"督比弄"以上，终身为僧，不得还俗授室。但亦有例外，如已故宣慰使刀栋梁之八弟刀栋臣，曾任僧王（Ayadam Prachao Somrdiech Agga Mungdi Sagarat Raja Ghu Meeng Jingrong），后亦还俗娶妻。十二版纳之佛教戒律，盖已逐渐蜕变，而不严格矣。为僧时，出家住寺，受佛寺主僧之管教，服黄袈裟。父母见之，亦当膜拜，受之，弟以袈裟障面，以表示不敢身受而已。

↑佛寺。僧王↓

←佛塔

僧侣概不事生产，比邱沙弥，平日托钵沿门鸣锣抄化，盐米肉饭，随施主所便，不素食。迨入守夏节（Khao Wad Sa）期间，则静修僧舍，不再出门抄化，饮食衣被日用品物，皆由民众赕奉之。一般俗人，在此期间，亦可自由入寺静修，与佛门弟子，同持十戒：一、不杀生戒；二、不偷盗戒；三、不邪淫戒；四、不妄语戒；五、不饮酒戒；六、不午食戒；七、不歌舞观剧戒；八、不用饰物香料戒；九、不卧高床戒；十、不受金钱戒。年轻之人，可仅持前之五戒，谓之"纳福"。守夏节起小历九月十五日，至十二月十四日止，计三阅月。即中历六月十六日，至九月十五日也。此三阅月中，比邱沙弥，不得归宿家族，亦不得寄宿他所；民间禁止婚娶，及停尸屋内。盖以时当雨季，土润溽暑，病菌

132

活动最烈，婚姻于男女双方生理健康或不宜，且废农时，而尸易腐臭，亦保育卫生之道，而凭宗教力量，以推行之也。僧侣至民间抄化或诵经，忌经民居楼下，言如楼上有人跨其顶而过，则不吉云。

富有之人，为增高其社会地位，倾其家产，以举行壮丽隆重之佛教仪式者，颇不乏人，称之曰："赕"。有"大赕"与"小赕"之不同。亦即大规模之布施，与小规模之布施也。俗传赕去八百，可获利一千，则未免太功利嫚佛矣。

若遇天花疫病流行，死亡率遽增时，例须仔细检视佛像金身。如发现泥佛金身，有小裂痕，或有白蚁蛀蚀之孔洞，则认为泥佛已失灵验，且有鬼怪凭依，不能庇佑人群，应即捣毁，重新另塑。新塑佛像，应比照原像尺度，加高加大，庶不致再为鬼魅所凭藉，而为祟及人群云。

二 耶 教

车里之有基督教会，始于民国初年，在今车里县署东北里许，九龙江畔，擅风景之胜。占地约百七十亩，每年纳地租银百元于车里县政府，租期九十九年。有牧师、医士、工程师各一人，各有妻室儿女，俱美籍。教徒百余人，大都为暹罗北部之佬族（自称曰"歹允"或"歹永"，俗称为"戈罗"）人。至于当地水摆夷，则认耶教不若其原有佛教之伟大。其受洗礼者，其先多属社会上认为毗魁[1]，及行为不正，而曾经村落共同体宣告除名摈弃之徒；近则优秀分子，亦渐有入教者。其建筑物，有礼拜堂、医院、学校、火锯工厂及住宅三幢，完全西式。粉垣丹瓦，碧草如茵。掩映绿树丛中，俨然图画。后又增一小规模之发电厂，供给动力及照明之用。医院附设之麻风病院，则远在县城西北可七八里之蛮燕。专收容麻风病患者，隔离而疗治之，每周注射六〇六及大枫子油各一次。约二三百人，由院按周给予膳费，平时教以浅近小手工业、园艺、牧畜等。病愈出院，颇能自给。民国二十年，又扩充教会至橄榄坝。此美国基督教长老会，在车里工作之大概情形也。日军南进，边地告紧时，已全部撤退。目前各建筑物，多已破坏，屋内家具书籍设备，亦已散失，且沦铁幕，短期内无恢复希望也。

三 回 教

清咸同回乱之后，清政府诛锄回胞至惨。回胞之逃居边地者，多娶摆夷妇人，服夷服，从夷俗，以为隐蔽。唯奉回教不逾。自为村落，当为十二版纳边境有回教定居之始。摆夷语呼回教曰："帕西"。佛海有蛮峦帕西及蛮赛帕西二村，各有清真寺。民国以来，回教同胞至车里、佛海及南峤一带贸易者众，各地先后亦有清真寺之建立。车里、佛海及南峤等县，奉回

---

[1] 夷人多迷俗，谓能放鬼祟人者曰毗魁。

教者，约共四五百人。勤俭耐劳，善居积，勇敢冒险，不畏烟瘴，故生活概称裕足焉。

四　精　灵

十二版纳山居民族，如阿卡、倮黑各族，多崇拜精灵。一山、一水、一石、一木，皆认为有精灵存在。摆夷、蒲蛮两族，除奉佛教而外，精灵亦在所崇敬，唯不似其他山居各族之认精灵为唯一崇拜者。苗、傜、罗罗，兼供天地祖先；傜并奉三清教主，盖受汉化者久矣。

第九章 礼 俗

一 出 生

摆夷于子女出生之后，为父母者，应即将其出生年月日时干支，记录于竹片之上，以备将来命名、为僧、婚姻、远行、重病及重大变故时，请佛寺住持，或星命家据以推算。名为"生辰片"。有病则检视"生辰片"，如发现虫蛀，须立易新片，并加赎祝。子女成人则授之，令勿忘其生辰。产妇须移榻于火塘之旁，烘火若干天，谓可已儿枕痛及产后百病云。火塘柴薪三根，尚纯不杂，用松不掺柏，用柏则不能掺松。普通常用麻栗一种。遇难产，须拆除屋顶。产后二三月，产妇每有脱发现象，于是多数产妇，因即将发剪下鬻卖，而以鬻发所得，赎送佛寺，为子女祈福者。摆夷抚育子女，比较放任，甚少约束责罚。一俟子女成人，婚嫁之后，即分居别爨，各自生活，不相为谋。老废无依，不能劳作者，则村落共同体共养之。其子女之自愿奉养者听。孤儿独女，亦概由村落共同体抚育，亦有由个人私自收育者。无养老育幼一类机构之组织。居住由村落共同体公建配给，衣食则由村人轮流供应，不令匮乏。老年男子，或往依佛寺。故有无子女，在摆夷社会，无多大差别也。

阿卡族以孪生为大忌，不幸村中有产下双胎者，则每家应派出一人，至孪生之家，各以火灰一铲，倾倒在初生婴孩之面上，窒塞其口鼻以死，然后举村他徙，以避不祥。如认为村不可移，则须作种种袚除不祥之祈祷。改流之初，政府曾有令禁止，并规定嘉奖，冀挽恶习。但阿卡族人，对于孪生，仍秘密处死，无报官领奖者。

偬人妇女怀孕足月，当阵痛发生时，家人应立即将所居大门之门板倒转过来，以示家有产妇临盆，禁生人造访打扰。如遇翁姑不仁，而丈夫又无能力，或染有嗜好者，产妇大都愤走入山，自去分娩，产后方怀抱婴孩妇家，操作如故。

二 婚 嫁

摆夷：摆夷比较早婚，大抵十五六岁之子女，即可娶嫁。配合不拘行辈，不避血统。有父娶其姊，而子纳其妹，父子为大小姨夫者[1]；有舅纳其甥女，甥娶其姑姨者；有堂兄弟姊妹互婚者[2]；有子纳父妾者[3]，其血统行辈之紊乱，盖达于极点也。主婚不由父母，求

---

[1] 已故老宣慰使刀承恩娶六顺土司刀林锡之女萨滔钪为妻，其长子刀栋樑娶刀萨滔钪之胞妹，父子为大小姨夫。

[2] 刀承恩之第九子刀栋新之长子刀世 × 娶其五伯父刀栋材之第四女为妻，堂兄妹互婚。

[3] 已故前任宣慰使刀栋樑报其父刀承恩之妃。

婚不假媒妁，彼此钟情，即可自由胖合，抑有须经父母表示赞同后，方举行结婚仪式者。其结婚手续，极为简单，而以平民阶级为尤甚。有经数小时，或一二日之求婚，而即行胖合者。贵族尚多妻，平民则否。兹分述之。平民之婚聚手续：凡男子心目中有爱好之女子，或女子心目中有爱好之男子，则于捞苔、捕蝉、捉蛙、采茶、沐浴及年节聚会之际，两相酬唱订定之。抑有于月夜纺纱之时，各抒情愫，倾谈衷曲，迨两情相惬，然后议聘者。聘以金银牛豕等物，视家之有无为断。在未结婚之先，男女时相投赠，男赠女以银圆、包巾、衣饰，女赠男以鲜花、汗巾、卷菸、水果、食物。相见不回避，亦不作羞人答答之态。届结婚期，则由男家具酒食邀乡党迎女于归，即为毕事。抑有由女家具酒食招婿入赘者。平均以入赘占多数，一般俱以生女为贵，盖可以赘婿以助农耕，增加劳力也。贵族之婚娶手续：贵族之求婚纳聘等等手续，大概略如上述，不过于结婚日，比较隆重而繁缛耳。是日，例由民众担酒操肉临贺，爰炰爰脍，皆民众自为之，男女两宅，坐食而矣。酒阑歌阕，男宅宾客民众，群诣女室，女宅宾客民众，做竹木栅三重于要途以拒，故示不纳。至此，迎娶之代表人物，亦即伴郎中之负责买路而善为说词者，必得依据习俗，逐栅答问无误，并各予苞苴，方获通过，亦有蜂拥而入者。入女宅，席地入座，由歌伎清歌侑酒，歌词多男女爱情之什，以启笑乐。和以笆，其声呜呜，节奏参差可听。少选，新妇华妆出，父母略致训词，训毕，迎聚宾客民众，竞取妆奁前驱回。抱被者，携枕者，抬箱柜几案者，担酒挈壶者，歌者，舞者，络绎于途。新妇最后出，伴婚百数围绕之，沿途谈笑自若，仪度大方。比至夫家，新娘捧蜡条一对，奉拜翁姑，翁姑摩其顶，收蜡条存之。又遍倩亲贵，各缠白色棉纱或五色丝绒一缕，于新郎新妇左右腕，是为拴线礼，礼毕欢宴。在举行拴线礼之前夕，新郎并须潜赴女家，密与新娘交换戒指云。其外地土司之有欲请求宣慰使之女、侄女或姑姨辈为室者，则又须由其所辖人民头目，正式代向宣慰使相攸，以示庄重。得其允许，然后民众集聘金若干奉之，而请期迎娶焉。宣慰使收到聘金，应分奖人民，盖酬劳人民多年给养之意。届期，人民头目，奉其土司诣宣慰所躬亲迎娶。一切仪式手续，与上述同。并须向宣慰使竭诚宣誓，写誓文焚佛前，收其灰烬饮吞之，以示不叛。赠嫁妆奁，一一当众列单存库，设其女、侄女或姑姨无出而身死，则所赠妆奁，应由男宅如数缴还宣慰使；有子女则否。闻平民亦有类此之习俗。摆夷对于贵族平民之阶级畸严，宣慰使或王亲贵戚可随意纳平民之女为媵为妾，而其女则绝对不许下适平民。各地土司，又畏与宣慰使联婚，盖无所谓爱情，而事事受钳制也，于是宣慰使遂以命令强迫行之，罹之者，多认为不幸焉。但亦有用尽心机，冀能攀龙附凤者。贵族娶平民之女，虽娶于最先，然亦只供妾媵而已，不似内地之多以婚娶之先后分嫡庶也。

摆夷之于婚姻也，有绝对之自由（贵族例外），故其离婚也甚多。苟男女任何一方面不能满意，即可要求离异，或离或合（有离而复合，合而复离，离而又复合者），皆可获得社会公平之评判。离婚要求由男方面提出者，则男方应出金若干，或牛一头给女；由女方提出离婚要求者，则应由女方出金若干，或牛一头，给予男方。其以牛者，亦重农之意。其家具衣物，视置自何人，则归何人享有，锱铢必较。尤必须具蜡条一对于当地主教，经其剪断后，方能认为合法云。

阿卡：摆夷不禁与外族通婚，十二版纳之摆夷女子，尤喜欢嫁汉人，但阿卡则否。阿卡视与外族通婚为不祥，谓鬼神或将降祟。阿卡俗重男女恋爱事，因之，每一村庄，均有特为青年男女谈情说爱而建置之"幽会楼"一座。夕阳下山，月上柳梢头之后，村中情侣，均可约会于此。唯楼甚小，仅容情侣一对，后至情侣，不免向隅。每遇星月皎洁之夜，青年情侣，大都约会于山之陬，水之涯，不复在楼。而每一年之中，复有一青年男女狂欢节日。至日，择一广场，对对青年情侣，相携至场，谈情说爱，狂歌纵舞。亦有情不自禁，即就僻静所在，因而苟合者。男女相悦，则男方倩媒人携酒礼诣女家说亲。媒人具道来意之后，置酒礼于女家食桌而出，让女家父母有所商酌。随复入觇，见收去酒礼则事谐，于是请期正式迎娶。婚礼简单，但结婚之日，必须备酒食宴请阖村男妇老幼，共为饮乐。设女家拒收酒礼，即表示不同意，而婚事不谐。如男女双方情不可离，非结合不可，则进行"偷婚"。先由男方秘密与女子约定时日，并约定暗号。至日，男方邀同若干亲友，于黑夜潜至女家屋外，吹口哨或口笛如约定之号，女子闻声潜出，遂由男方将女子交托精壮亲友，轮替背至深山躲藏，然后倩媒往告。女父母故怒，媒则卑词祈求，祈求至再至三，于是女父母乃言：此女为吾一家生活之所寄，无已，必须巨金以易。阿卡所居固多石，屋前屋后，巨石砟硌。随出指一重可数十吨之巨石曰：必须以银如此石等量者来方已。媒复一再卑词求情，久之，乃得由巨石减为中石，减而至小块，再减至纹银三两六钱而成。亦有始终不为女父母所谅，必待生育子女，方允归宁认亲者。设事机不密，女家先有戒备，偷婚不成，则须增聘精壮，进行抢亲。伺女家防范松懈，立刻将女架走，实行同居，逮生米已成熟饭，然后再倩媒往岳家疏说，若偷婚之例，补完酒礼手续，恢复翁婿正常关系。

蒲蛮：蒲蛮婚姻亦自由，父母不约束子女恋爱事。男女相悦则同宿，为期三年，昼间仍分居。三年内，若有生育，须以银圆半元，购鸡一只，致祭于旱谷地。生子多，则易鸡为猪，并供村人大嚼。恋奸期满三年，方举行正式结婚礼。婚礼视男家贫富而异，富者送聘金纹银一两，并猪肉十六斤至女家，贫者送小布一匹及鸡一只而已。男女情乖则分离，离婚手续简单，两造以蜡条一支，草烟一包交换之，即示分飞之意。

卡瓦：卡瓦女子，届结婚年龄，则三五成群，一再至理想中之丈夫家中攀谈，猎获人头最多之青年男子，尤得一般女子之崇拜。彼此同意，则由男方赠物给女方。设女方继后发觉男方非其理想中之配偶时，可璧还所收赠品。中意，即将男方赠品，留作信物。双方私洽妥当，再由男方不时至女家参加劳作，并献水酒于女之父母。女父母同意，则饮所献水酒，否则不予收饮。得到女家赞同之后，互相商定婚期及应备礼品。至期，由伴娘（已未结过婚皆可）伴送女子赴夫家成婚。若干日后，女方归宁母家，昼间仍逐日到夫家操作，昼去夜回，须待生育一二个儿女之后，经丈夫另备礼物，请求女家父母，得到允许，然后方得重返夫家长住，与夫婿共同工作，共同生活。如双方意见遇有不洽，随时皆可离异。男女双方在恋爱过程中，出入相偕，形影不离。有时当共同外出工作，偶然听到鸟鸣不祥，则认为天公不喜，应即各自另觅配偶，而婚事不能谐。

苗子：苗人女子，亦如阿卡，绝对不许嫁与外族。不幸与外族男子发生性行为，而为村人所觉，则阖村击柝逐去之。薄幸男子，或不予承认，被逐女子，往往无所依归，窜居深山，杂采野生果品树根为食，日久倒毙，或为虎豹所扑食，亦有悬岩或投涧自杀者。男女青年亦有情爱弥笃，势不可离，而为双方父母家长所坚决反对，因而双双自杀者。苗人婚姻，无自由之可言。

傜人：傜人男女婚姻，大都先循自由恋爱途径，但亦不少买卖方式者。亦须有媒妁。娶妻喜事场面，有"做大亲家"与"做小亲家"之不同。所谓"做大亲家"者，亦即大排场之谓，贺客致送礼金一角，须回敬猪肉一条，重约一缅斤；贺客致送礼金一元者，应回敬猪肉一腿，且不能以小猪腿充数。所以做一次大亲家，亦即办一次大排场之喜事，最少须屠猪二十口，鸡四五十只，有时并须加宰牛只。同时女宅或又故出难题，须索斑鸠心脏二十至三十对，白糖若干斤者。山中缺糖，鸠心尤难致，常使男家媒妁，费尽唇舌焉。至于"做小亲家"，则毋须此铺张场面也。经济困难之男子，多数入赘岳家，约须为岳家做劳役六年至十二年。期满，方获自立门户。至时，岳家例须赠婿以斧子、涮刀、锄头各一把及衣裤一套。得岳家欢心之女婿，岳家或加赠饭菜锅各一口，藉祝成家立业。如有私蓄，可纳币要求提前脱离。此项赎身银，如无力一次清缴，可要求分期缴纳。但不善良之岳家，每每藉口赎身银不足，中途又将其女儿唤回，以为要挟者。必须满足岳家愿望，方克将妻子赎回也。傜人行多妻制，妇女地位较低，妇女概不能与男子同桌进餐。宴客时，媳及女孩子辈，须侍应于旁，为客人盛饭，打洗脸水。须待男人餐毕，妇女方得收下僻静处或灶侧，食其馂余。刀斧用钝，礼由男子代磨。妇女忌磨刀斧，磨则不吉云。

三　丧　葬

摆夷：摆夷奉佛教，薄躯魄，不迷信风水，不以丧炫富，丧葬之仪，因以简单。无灵床，无供献，不用刍灵冥锱，不着丧服。为子妇者，仅于头巾上系白布小条二三日，并卸耳珰首饰不御，以示居丧耳。凡遇有死亡，家人举哀，村邻闻声，应每户派一人诣丧家唁问，为之料理殡殓。丧家并诣佛寺赎佛，为死者祈祷，然后方能出葬。富者赎以象马金珠，事后以十分之一二之代价，向佛寺长老赎回。贫者赎以纸花蜡条果品。平民停尸室内，至多不能逾十五日，上半月死者，十五日必当出葬；下半月死者，月杪必葬，否则受社会之干议。贵族则不然，视死者家资之丰啬，自一周半月，以至三月五月不等。并得随时倩佛寺和尚若干，至家诵经，为死者超度。其死于十五及月杪两日者，则勿论平民贵族，皆当即日舁出埋葬，不能逾夜。盖此两日，为一般人民之出丧期，亦大不吉祥之日云。死于守夏节中者，亦如是。出殡日，柩周满饰纸花，由家属亲族，以及村邻人等，执绋拽送垄山（摆夷坟场曰垄山），沿途歌唱呐喊，钹声鼓声爆竹声，震动天地。至垄山，先以一人，以生鸡蛋一枚，用左手向空地抛去，随抛随祝，即鸡蛋触破之处，作圹而埋葬焉。亦有不用鸡子觅穴者。葬有火葬、土葬、水葬及天葬之别。火葬唯贵族之富有而寿终者得行之。法于尸身棺椁，遍注易引火油类，派人民户集一薪，而举行火化，拾其灰烬，入薪瓦器中埋之。或即就火化之所，筑一塔式之坟而笼罩之。火葬之仪式，大概如此。其一般人之平常老病死者，或用棺，或裹以竹席，或一物不蔽，即舁送垄山，以土掩埋，与汉人无异，是为土葬。唯圹浅而不墤起，且无任何标识，为少异耳。礼、古者墓而不墤，摆夷盖亦遵古制也。至于被人盗杀，以及其他一切强死者，或死于天花疫疠者，小儿之夭死者，是为不善终（善终限年老病疟而死者）。多数投诸江河，任其浮沉，是为水葬。肢解尸体，抛弃郊野，任鸟兽所啄食者，称曰：天葬。但须得死者生前之遗嘱，方能举行天葬云。就中以火葬最完善，而水葬最危险。摆夷所居多依山傍水，大都以江河生水为饮料，每每上游疫疠死亡枕藉，而下游亦疫疠死亡枕藉者，或以此耳，不可不注意焉。摆夷普遍行公墓制度，村寨城镇，各有公共之坟场，择人迹罕至之地，而距离村落又不甚远者，对树为识。平民贵族，丛葬其中，不论方向，不择日干，而摆夷之富贵寿考者，恒数百年不移，此亦可见风水之不足信也矣。勿论何人，皆不得擅伐垄山封树，谓犯之致祟。

阿卡：阿卡遇人死亡，家属举哀，则亲友寨邻闻声皆集。杀猪宰牛，共相饮啖之后，即由村人入山伐取松木为棺，殡殓尸身，棺形类似猪槽。并倩"伯摩"[1]诵经超度，然后舁送山中埋葬。无按年扫墓之习。死人概不许停留家宅，富有之家，可待"伯摩"至后，诵经完毕，再为出葬。贫穷之人，则无力倩"伯摩"为死者超度也。

---

[1] 阿卡信仰精灵，呼巫觋为"伯摩"。亦念经咒。但阿卡无文字，不读书，其"伯摩"所念，不知何经咒也。

补远：补远人，居补远江附近，与攸罗同类，而风俗特异，丧葬尤奇。其俗，阖村共营一圹，亦有每家自为一圹者。有死者，不举丧，不棺不殓，即舁埋圹中。设一日而死甲乙二人，甲先而乙后，则埋甲若干时，然后出甲尸弃诸野而内乙尸焉。勿论一日亡数人，数年亡一人，亦如弃甲内乙之例，而弃乙内丙，弃丙内丁，以至于无穷。弃尸则听其为鸟兽所啄食，不闻不问。

蒲蛮：人病将死，则家人即入山伐木做棺，以备装殓。人死，应不分时辰，立刻棺殓舁送村外坟地埋葬。坟不甚高大，是为土葬。亦有火葬之习，唯须年老有福，或无疾而终者，始举行火葬。凡死于刀枪，或患肿胀泻痢而死者，概不得举行火葬。

卡瓦：卡瓦丧葬，略同于蒲蛮。每遇父母忌辰，并应家居致念，忌外出工作。

傜人：傜人信仰道教，供奉三清教主。家中死人，必须倩道士至家念经，由一日至七日不等，视贫富为断。停尸室内，最长不得超过七日。出葬之日，阖村成年男女，均须共襄丧事，吹芦笙，焚冥镪，搥锣击鼓，舁送山中埋葬。坟略高出地面，亦考究风水。凡遇村中死人，则阖村男女，在七日之内，均应一致哀念，禁止歌舞作乐，亦不得犯有性行为；参与丧事之间，不得谈情说爱，言犯之主村运不佳。

苗子：镇越县南部苗家，则将死人竖立家中门后，依一木桩，须待亲族皆莅临祭吊完毕之后，方能舁出埋葬。亲族散居四方，延期甚久，尸多腐臭。尸水四处流，则掩以柴灰，临吊守尸之人，不可言臭，言则不敬，而臭愈烈云，亦恶俗也。

四 服 食

服饰：十二版纳各民族男子之服饰，大体相同，衣青黑色布料对襟或大襟短褂，御长裤，如内地一般劳工界。头缠布巾，佩长刀，挂背袋。袋内储槟榔盒、烟草匣及饭箪等物。罗罗、阿卡、倮黑之衣裤头巾，大都为黑色棉织物。卡康头巾，喜用红色者。摆夷则以彩色真丝或人造丝头巾为时髦。阿卡、苗、傜，间戴瓜皮小帽，剃发，顶蓄小辫一绺，青年男子，并御银质大项圈。苗人：上衣奇短，仅尺许，长不掩腹，整个腹部，暴露于外。袖长而窄。御长裤，加束宽带，并垂条。条赤色。傜家男子：衣短褂长裤，衣大襟，胸襟喜绣卍字花。青年男子襟上花，类倩若干女友代绣，以测情爱。痴情女子，每于若干花卉图案中，增绣一心形小花朵，以表热爱，若与议婚，无不谐者。攸罗男子之服装，最称整齐划一，衣裤幞头，概以自织之原色粗麻布制成。裤两旁当腿处，并各开一直缝，长可四五寸，如西装裤袋之无底布者，谓留便老鼠之出路云。其所居多鼠，可以想见矣。

至于妇女辈之衣饰，则因种族之庞杂，极不一致。十二版纳民族类别划分如是之纷繁，大都即由于妇女

辈衣着之歧异之而然。水摆夷妇女：上衣下裳，衣交
衽，不具纽扣，而系以布带，可左右衽互换，袖甚窄
小。城市妇女上衣，喜用白色；乡间喜用青蓝色，盖
取其能耐污秽，而便劳作也。裙作筒状，称曰"筒
裙"，亦曰"桶裙"，相传古时夷族男妇，概裸体群居，
诸葛武侯南征，耻其妇女辈之群裸其下体也，尝割锦
袍袖管，为筒裙之式而教之，夷人妇女相率仿制，而
为今之筒裙亦即桶裙云。或言夷族筒裙之制，系马伏
波将军所教者，然皆难征信也。裙长曳地，分为三段：
上段以红、紫、黄、绿等色丝麻相间织成，作柳条花，
约占裙长三分之一；中段最长，普通用深绿色棉毛织
物，或用织花缎料；最下一段，则用白色棉织物，并
镶花缠一二周，占全裙十分之一二之长度。全裙色彩
调和，不御内裤，道旁街头，公然直立小便。裙上端
褶叠紧别脐部，不加束带，容易松脱，时须重整，因
此龙江竹枝词遂有"见人欲故抖花裙"之句也。贵族
饰金银质裤带于外，有重至五六十两者，但并非为固
定下裳目的而设，仅供装饰耳。顶挽凤髻，饰金花，
并加彩色包头巾。耳饰镶镉，以金银质空筒，或金银
片成卷为之，贫者则代以彩色之通草。手镯多为银质，
重一二两以至二三十两不等，带上臂或腕间。富者御
手镯十数对。汉摆夷妇女：普通蓝衣青裙，加一束带。
头挽凤髻，上加青蓝布幞头，髻亦饰金花，耳带径可
寸余之金银质大耳环。饰银腰带。花腰摆夷妇女：常
于上衣当腰部位，刺绣花鸟，或几何图案，故汉人遂

名之曰花腰摆夷云。阿卡妇女：亦上衣下裳，皆青黑色。衣短至脐，脐露于外。裳作百裥式，长仅齐膝，亦不御内裤。膝之下为胫套。以各色贝子川谷等联缀如珠串以为颈链，间以红缨，琳琅满身。并戴帽，帽以竹木片作内筐，外面密缀各色贝子及川谷珠串，以为美观。妇女出嫁之后，须将裙下移至臀部，并露尻骨少许，谓不如是，则阿舅无脸面云。以臀喻舅面，亦云谑矣。谑者，因称之为漏屁股阿卡云。阿卡无浣衣习惯，衣一上身，直穿至破烂，从不浣洗，谓洗则易破。亦鲜沐浴，与藏俗同。垢腻积汗，中人欲呕。阿卡所居皆海拔五千尺上下之高山，生活艰苦，得衣不易，得水亦难，惜衣节水，积渐成俗，因不加浣洗。同时气候高寒，遂亦鲜沐浴也。倮黑妇女：女褂如短旗袍，衣领袪肩及胸襟边，喜满钉银浮沤为饰，御长裤，头缠大包巾，御银手镯。攸罗：妇女之衣裙，略如阿卡，唯不喜青黑色，而尚白色，概以自织之麻布为之。浪速息洞才瓦：妇女之衣裙，与阿卡略同，唯裙不裥褶。御红豆颈链，腰膝满围髹漆藤环。浪速息洞两族妇女并剪发，丰鬓四垂，环剪如盖，如就学之幼年女郎。黎苏妇女：衣宽袖大褂，御长裤，衣加束腰带，头缠大包巾。胸襟正中饰四方、长方、八角或圆形大银牌，其两旁垂银质浮沤串及银圆串各三四串或八九串，若佩勋章一般，御银项圈及大耳环，两耳环间，并连以银链，链垂颔下，衣领饰银质芝麻铃，整个妆饰，庄严华贵而美丽。苗人：白苗妇女衣长褂，御长裤，并加围裙，束带垂绅，绅彩色。戴方帽，帽沿绣花。衣裤皆黑色。亦有短衣短裙而加围裙者。饰银质戒指、手镯及项圈多件。花苗妇女衣花衣，御长裤，头缠大包巾。傜人妇女：衣对襟短袄，御长裤，腰加围裙，并加腰带，头缠大包巾，耳饰金银质大耳环。蒲蛮：妇女衣裳，皆仿自摆夷，故装束与摆夷无二。初履边境之人，每误认为山居之摆夷也。

饮食：十二版纳各民族之饮食，皆极简易，餐具亦鲜，大都左手捏饭，右手撮蔬，互纳于口。饮汤以竹勺，亦有用匙及箸者。

摆夷以糯米为主食，蒸熟后，须先倾摊箕中扇凉，然后分储饭箪备食，以防因热馊败。外出工作，则携箪以随。糯米饭于每日黎明炊蒸一次之后，一日之中，勿论上山下田，旅行渔猎，随时饥饿，皆可取食，最为方便。尤便行军。不似粳米饭之一日三餐，必得逐餐烹饪之麻烦也。副食则鸟、兽、鱼肉、蜂蛹、竹虫、青蛙、蚱蜢，瓜、果、青苔、酸乾笋丝及若干野蕨之类。鲜藙园蔬。数片越瓜，一枚芒果，即足佐食。尤喜酸味食物，故有酸摆夷之称。习惯饮冷水，亦喜饮茶，嗜酒。饭后嚼槟榔，配以老叶、儿茶、烟茎、石灰，吸卷烟。其食鸟兽肉也，大有茹毛饮血之风。截肉为醢，盐血成冻，即以供食；或火炙而食之。牛肠管内粪膏，被视为珍品，扎其两端，煮汁以调味，货牛肉者，若无数寸屎肠相绕，则其肉终无人过问也。亦有点心小食，如粔籹、花生糖、香蕉干、芒果膏、米线、卷粉之类，亦别具风味焉。摆夷因以糯米饭为主食，故糯米之产额最丰，价亦低廉。粳米仅供榨制米线、卷粉，兼饲猫犬，产量甚微。迩来汉人移植日众，应汉人之需求，逐年均有增产。今则摆夷之中，亦间有易粳米为主食者。

山居民族，如阿卡、倮黑、攸罗、蒲蛮等，向以粳米为主食。然产量不丰，逐年所产旱谷，平均仅足供七个月之需，不敷食用，尚须以劳力或土产向摆夷易粳米补充。再不足，则以杂粮或掘草根如黄精山药之属，以维生活焉。卡瓦一族，则仍不脱茹毛饮血之风，有时以饭团醮初剥牛皮内面之生血而食；亦有将牛皮割为小条，抛火堆中烧热，不待其熟，即取出大嚼；亦有食病死已三四日之牛马之腐臭皮肉者。近其旁，奇臭难闻，因又有臭卡瓦之称也。

耕织渔猎，为衣食之所取资，或分工或合作，略有一定。农渔两项，大都男女共同工作。唯犁耙等重工作，应属于男方，下种插秧等轻细工作，属于女方；深水急流捕鱼，属于男方；浅水笼鱼，属于女方。狩猎须身手矫捷，冒险犯难，专由男子担任。纺织等纤细工作，专由妇女担任。农作之余，每日清晨，男子即须入山弋猎鸟兽，妇女则在家汲水烹饪，并入山采集野蔌，亦兼就浅水捕鱼，俟男子弋猎归来，则各出所获，烹调以佐餐。

十二版纳，地旷人稀，土质肥沃，水源丰富区域，农人力作一年，往往足供三载之需。摆夷每日劳作时间，平均虽不过三四小时，而无奢望，物质之引诱不烈，故衣食概称裕足。一般人，不明其社会组织，尚稽滞于原始自由共产制度，无生活之煎迫，固勿需乎终日之碌碌也，而妄以惰夷目之，冤矣！其实夷人极勤，第一为早起，天尚未明，即已村满万家杵臼之声。唯受地理环境所限制，智织锢蔽，文化落后，器用钝拙，无法亦不知利用余时，谋所以增进社会人群福利之道。除衣食劳作之三四小时之时间而外，青年辈类多征逐于恋爱生活之中，至社会仍蒙昧无由进步，是其缺点。今也时移势易，旧有社会组织，已难维系。边民若再故步自封，不能迎接时代，力求改进，而犹希望将来能维持其不虑匮乏之优良生活，恐为事实所不许也。

五　房　屋

十二版纳各民族之公私建筑，其型式别具风格，不同于内地。私人住宅，普遍以竹木构成之，上覆茅草编成之草排。佛寺及宣慰使暨各地土司贵族之邸宅，则覆以红瓦，俗称缅瓦。一般平民，则概不许覆瓦，而人民自身，亦自认覆瓦为不祥。但近今此种观念，已逐渐转变。瓦长七八寸，宽三四寸，厚可二三分，扁平，不似内地屋瓦之作鞍形也。一端有钩，以竹木片作椽，横排，瓦即钩挂椽上。竹片须先沤水中一二月，然后取出晾干，方能应用，谓可支持一二十

图面平层楼室居夷摆

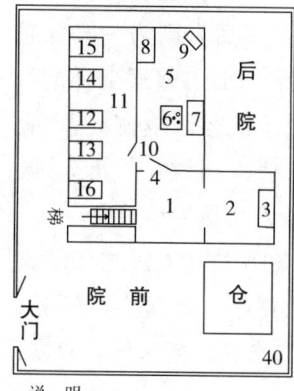

说　明：
1. 外厅
2. 露台
3. 饮料水台
4. 厅门
5. 内厅
6. 火塘（上置铁三脚灶）
7. 普通坐卧榻
8. 尊长贵宾榻
9. 餐具食物橱
10. 寝室门
11. 寝室
12. 家长卧榻
13. 家长配偶卧榻
14. 幼儿卧榻
15. 幼女卧榻
16. 少女卧榻

楼下置杵臼，堆柴薪，畜六畜。

年，不致蠹朽云。

水摆夷住宅：分上下两层，楼上住人，其下则畜牛马鸡猪，置杵臼，堆燃料。楼出阶为露台，以为晒晾衣物，或纳凉之所，曰："展"（Jan），汉人通称"掌楼"，盖即"展楼"之异译也。室内以竹篱或木板纵隔为两大部：一为卧室，家人杂居其中，不再间隔，第各以帷帐笼罩仅一厚褥之卧榻而已。卧褥三四重相叠者，则为尊贵之显示。家长之卧榻，礼须正对火塘。少女之卧榻，位于最外，近上梯之处，盖便其与情人往还也。一为内厅，于近门处筑四尺见方，三四寸高之土台，曰："火塘"，上置铁三脚灶，热火其下，为烹饪、取暖、照明及宾客家人围谈之唯一地点。铁三脚灶分三空，向卧室之两空，可以纳入柴薪燃烧，其他一空，即正对普通坐卧榻之一面，则谓为家神所在，不能以柴薪搀入或取出而扰犯之也。火塘迤内，为接待亲朋地点，满布竹席，不具台椅，宾主皆跌坐竹席之上。靠卧室之左上角及火塘之正对面，各置一矮榻，前者专供尊长贵宾之坐卧，曰："尊长贵宾榻"；后者则为一般普通宾客以及家人父子坐谈卧息之所，曰："普通坐卧榻"。尊长贵宾来，则长踞合十为敬，饷客以槟榔、卷烟、茶果。家人妇女过客前，必屈膝裣衽为礼。晤久别，必详探其家人妻子儿女状况，兼及房屋牛马鸡犬。

至于土司头目，则为一般旅客及其人民之当然寓东，故房屋特别宽大，内厅尤宽阔，火塘亦三四处，以备往来旅客及其人民之投宿和烹饪。柴水任客取需，食物则须客自行购办也。

村外当道地点，每有一驿亭式之建筑物，名曰"萨拉"，吾人称之为"萨拉房"，亦即《真腊风土记》所谓之"森木"者。大都木柱覆瓦，三面有壁，内有寝台。专供村人出入或过往旅客，避雨休息及住宿。

蒲蛮、阿卡之住宅之构造形式，与水摆夷之住宅，大体相同，唯多一专供其家人妇女出入之后门，而楼较低矮。室内布置，亦随生活方式之不同而异。傜人每一住宅，须辟三门：中为鬼门，亦曰大门，平时不予出入；筧饮用水流入之门曰后门，为家人妇女出入之所；另一门曰客门，则专供一般亲朋之造访出入者也。

汉摆夷、花腰摆夷及倮黑等之住宅，概为地房，甚鲜楼居，牲畜则另置槛厩以栖，远不若水摆夷楼居之清洁卫生也。

据缅甸史：瓮藉瓦（亦作瓮藉巴）战胜掸族之后，

因掸人屡叛，瓮藉瓦遂强迫其房屋建筑为缅人棺椁式样以祟之，相传至今，掸人已不知其屋式为仿自缅人棺椁也云。又有言其屋式系仿自武侯纶巾式者。掸族村落，喜依山傍水，而居处卑湿，热带毒蛇虫虺尤多，故概系楼居，以避虫蛇湿气，楼下则畜牛马；地复多风，故屋皆四面垂厦，以避风暴；而草排稀薄，故须作急倾斜式，以防屋漏。式略若纶巾，亦略似缅棺衬，乃地理环境必然之产物。武侯伏波，均未一莅斯土，且无此偌大力量，所谓诸葛帽、缅人棺者，皆不可靠之臆说也。

六 器 用

十二版纳，百凡落后，器用简单钝拙。举凡耕织炊餐坐卧家具，以至渔猎音乐器用，尚多为竹木土革制品，金属陶瓷，多数来自内地，或仰赖舶来。孔子曰："工欲善其事，必先利其器。"欲增进边民工作效率，提高边民生活水准者，对于边民器用，应做甚大之努力，以求改进焉。

十二版纳社会，迄尚停滞于原始农业经济，农为民食民衣所从出，而民以食为天，述农具第一：

水摆夷族入主十二版纳，建立泐国之后，即据有水田。耕田以犁以耙，溉田以水车。犁铸铁为之，唯较内地汉人所用之犁差小；耙制以坚木。一犁一耙之后，即可插秧矣。水车以木条竹竿扎成大水轮，置流水中，轮周附竹筒戽水入槽，再由槽导引入田。刈禾用镰，镰小而刃有细锯齿，与四川所用之镰相类。打稻用丁字耞，助以脚。扬稻用竹篓大团扇。晒稻以竹席。舂米以碓，不知先用砻磨去谷壳，费时甚久，每晨舂得米粒，仅足供一日之所需。簸去糠秕用筛用箕，尚不能为风柜之制也。山居民族，以种山地为主，山坡倾斜不受犁，故用锹用锄用镵用钯而不用犁。刈禾用镰，打稻用耞，舂米用木制杵臼，亦用碓。去糠秕以筛以箕，储稻以囤箩，与摆夷大同而小异。

有粮而后有食，述炊爨餐具第二：

饮饭用釜用甑，置铁三脚灶上，下热以火。釜有土制铁铸之别。铁铸之釜，来自内地；土制之釜曰土锅，各地均能自制，价甚廉，惜易破碎，不耐久用。甑截篙竹根部掏成，有大至尺三四寸径者。铁三脚来自内地，一径七八寸之铁圆圈，每隔百二十度，各竖钉一高约六七寸之铁条即成，热火其下，上置釜甑，即为铁三脚灶，亦有竖三石为灶者。取火用其自制之压缩空气打火器，器制以牛角，分阴阳两体，各长约十二三公分；阴体之一段，掏深约十一二公分，径一公分二三，头底一律之正圆形垂直竖孔，应留底不可掏通，称为"臼管"；阳体之一段，除留一把柄外，其余长约十公分或十一公分之部分，削成径一公分二三之正圆形垂直柱，以能密切插入"臼管"，而不致泄气为原则，称之曰"杵"。杵之长度，应较臼孔之深度减约一公分。杵端作凹形，中涂封蜡，粘以火草。须火时，以粘有火草绒之杵体，猛力急速拍入臼管，复急速抽出，则杵端火草，因臼管中空气被压缩发生高热而燃烧，即可藉以生火而炊爨。或用燧石铁链，近今普遍用火柴。山居民族炊秔米饭用土锅或铜锅，亦用甑。铜锅来自内地，红铜制，俗称"锣锅"，近则有舶来之铝锅。亦有用新鲜大竹筒以代锅炊饭者。摆夷炊糯米饭熟后，须先倾摊箕中扇凉，分储饭箪备食，饭箪截薄竹掏成，径四五寸至六七寸，高七八寸，亦有以竹篾或藤片编成者。食桌以篾片或藤片编成，圆形，四周有高约一二寸之边，略似古代之筶器，渤语曰"龛"。通常所用者，高约尺四五寸，径如之，有小于此者，亦有大于此者。汉摆夷则用木制八仙桌，坐长凳，与汉人无二，盖已受汉化矣。盛汤以碗，盛菜以盘，盛茶以盅，盛酒以盃，亦有盛饭之碗，制分陶瓷玻璃搪瓷金属之别，多数来自内地，亦有来自外域者。饮汤以竹勺，亦有金属羹匙。取菜蔬用手，兼亦用箸。舀水以瓢以筒以椰子壳。捣盐以臼，制分木石。菜刀火钳，皆能自制。饭后嚼槟榔老叶，吸烟，储槟榔老叶有槟榔盒，多为银制，圆形，镂花，别具风格，不同于内地。烟草盒作圆形或长圆形，竹制，篾工甚精细。担水以大竹筒，筒长尺五六寸至三四尺不等，亦有以土锅代水桶者，储饮料用三四尺长之大竹筒，兼亦用较大之土锅，亦有用内地匠人来边烧制之瓦盆及瓦缸者。饮水壶为陶制，有红黑两种，黑色之一种，若多年旧锡器，颈长腹大，有几何图案花纹，甚雅致，内地人士，有购以做花瓶者。

自然不予人类羽毛以蔽体，得食之后，必思有以章身而御寒，述纺织器具第三：

纺纱用手摇纺车，竹木合制，与内地无殊，山间物资缺乏，有用竹签以代铁锭者。阿卡妇女，则仅用手锭一枚，随时随地，皆可抽纺。络纱用篗。储纱用篓。织布机之构造简单，大部用木制，少数以竹，梭或用牛角。纬线须先浸以水，而后入梭编织，则又与内地不同矣。

渔猎所获，既可佐食，亦可助衣，述渔猎用具第四：

钓鱼以竿，竿首悬钩。网鱼以罟以罾，皆制以麻绳，并衅猪血，避渍而耐用。或以竹为架，底编以绳而为罶。浅水用罩笼、用筍、用筌，皆竹制。或截流为断，留口置笼，皆与汉人制器相差不大。弋鸟以弩、以弹弓，皆竹制。或粘鸟以黐条。猎兽以叉以矛以火枪，皆自制。或敷毒于矢，置地弩，设为机巧，野兽经过，触机矢发，翌晨踩迹寻取，食其肉，衣寝其皮。

家为人类活动之单位，坐卧兴作，不能无用具，述家具第五：

十二版纳各民族，家室卑陋，坐卧储藏兴作之具皆简单。一切家具，大都制以竹木。居处席地而坐，席以竹以藤，间有矮凳，凳以竹篾或藤片编成，形圆或方，径或方七八寸，高五六寸，亦有截大竹筒为之者。橱架多以竹，间有木制者。储衣物用柜、用笼、用簏，柜木制，笼簏皆竹制。卧以箦，箦之上置褥。褥厚四五寸，阔两肘，长一拏，织花布为套，中实攀枝花，或金毛狗脊之根毛，或嫩禾苗等物。褥上覆垫单。或于箦上置短褥，亦称马褥子，旅行时可置马鞍上垫坐，故有是名。有寝被，被棉甚薄。或用毛棉质毡毯，一部分来自内地，一部分系舶来。枕作半圆筒形，刺绣甚美丽，别具作风，与内地不类。盥洗用内地运来之铜质或搪瓷面盆，或舶来之铝质面盆；贫者用汉人至边地烧制之瓦盆，或用小竹槽。盛痰用搪瓷痰盂，多数为舶来品，亦有竹制痰盂。上山打柴用刀用斧，皆自制。治木用斧用锯用刨用凿用镟，刨锯多属舶来，余皆能自制。倮黑人制木板用刀，费时久，耗木多，板有刀痕如鳞，真匪夷所思矣。雨具有蓑有笠有伞。蓑制以椰叶，或以棕；笠制以竹箨；伞以竹为骨，以构皮纸为衣，涂以红果油，雨水不濡，尚耐用。

　　衣食足而后礼乐文事兴，述乐器文具第六：

　　乐器：有鼓，鼓式多种。有钟、有磬、有锣、有钹、有铃，与内地无殊。锣中部凸起如浮沤者，称之曰"镱"，多来自缅甸，大"镱"播声甚远，与钲相类。有竹制短箫曰"笓"，竖吹，吹口附簧，喜庆歌乐多奏之。有提琴曰"筌"，制同内地之胡琴，唯仅有一弦，青年男子，每于月夜以琴音传情于其爱人。山居民族有月琴、有三弦、有葫芦笙，跳歌时用以和歌词、节步伐。有竹片口琴，以宽三四分、长三四寸薄竹片为之，中部掏空留簧，左手执其端而横置于口上，右手轻拨其末而弹之，口中嘘气为乐音，簧受气作声，声细柔可听。

文房用品：有纸有笔有墨有砚。纸皆自制，以构皮作原料，坚韧耐用，主要为写经，公私书翰契约包装皆所利赖。笔制以蕨茎，截蕨茎为五六寸长，斜削其一端作钢笔尖状，再略微纵剖其尖端，使易受墨，笔画粗细，可随意自如，欲笔画纤秀则轻书，欲笔画粗壮，则须微微着力，其为用与西方之钢笔毫无二致，且不伤纸，秃则再行削尖，利用不尽。墨锭来自内地，或自以蓝黑色颜料化水为墨汁以代，或仰赖舶来之各色墨水。砚陶制或石制，或购自内地，或利用破碗破碟之底部。亦有印章印色，印章镌鸟镌兽或镌其本族之文字，与汉人往来者镌汉文，印色概由内地所供给。边民器用，略尽于此。

七 身 体

文身：摆夷男子，均崇尚文身，当入寺为僧之初，即由佛寺主持人，在其胸背额际腕臂及膝脐之间，以针刺种种形式：若象、若鹿、若塔、若花卉，亦有刺符咒格言及几何图案者，然后涅以丹青。贵族喜欢赤色，或朱墨相间；平民大都以墨色为普遍。不文身者，谓与妇女相等，群相讥诮揶揄之。因此，凡属男子，勿论老幼，均以文身为荣为贵。《蛮司志》曰："车里则额上增刺一旗"，近今已无此风。入民国，汉人往来日众，刺额雕题之风，虽已逐渐减少，但刺臂刺腿刺胸背臀股之风，仍盛行不衰。甚有将手臂手腕两额割开多数小裂口，而嵌入金银碎片及珠玉宝石颗粒，以为盛饰者，言生前可避枪刀，而死后可得使用。已故老宣慰使刀承恩及其诸子，以及若干大头目，均有此类"肉身嵌宝"情事，著者曾亲为验证。所嵌金银珠宝，在皮下略可滑动。嵌入金银之处，外皮变黑色，嵌入珠玉宝石之处，则皮色不变。有嵌入于两额角之皮下者，有嵌入于手臂之皮下者，有嵌入于腕间皮下者。据告：当文身及割嵌金银珠宝时，均须先服麻醉剂，施手术者，并念经咒。然亦有因过度疼痛而昏绝，或因服麻醉剂过量，心力不支；以及因针刀不洁，导致破伤风症而遂死亡者，其愚真不可及也。

染齿：摆夷讥瓠犀为死马齿，以为凡牲畜之齿皆白，既不美观，复多虫害，勿论男女，俱以染黑为贵，期有别于牲畜之白齿天然也。其法，先以酸性物如木瓜酸醋之类，涂抹齿面，使其酸软容易受色，而后以松烟或紫梗浓汁染黑之。约一周而成。其间，齿酸楚不能咀嚼，仅能食流质，如稀粥之类。噫，亦良苦矣！今渐染汉人风习，青年辈类多天然白齿，不以为贱矣。

穿耳：十二版纳各民族之妇女，以及摆夷、蒲蛮、攸罗等族之男子，皆有贯耳之俗。所穿耳孔，有大至径寸者，以通草着彩色，或卷金箔，或铸金银筒为镶锅以为耳饰。攸罗则截小竹管为镶锅，中插山花饰之，仿佛一对花瓶，此亦亟应诱导边民加以改革之一种陋习也。

椎髻：民国肇造，即下令剪去发辫，晚近妇女界，亦普遍剪短，盖以其藏垢积污，有害卫生，而梳洗费时光也。十二版纳各民族，尚株守旧习，除僧侣暨卡康及大㑌黑之妇女而外，概束发椎髻，阿卡、苗、倮则蓄小辫，皆不肯剪去。虽当改流之初，即有优待剪发者之规定①以为鼓励，而土人之蓄发椎髻者仍多。此亦大可见其保守性之坚强也。

天足：十二版纳各民族之妇女，俗皆天足，勿论老幼，不分晴雨，概行赤足飞腾，不着鞋袜。庆典赛会，间御拖鞋，或竹木屣。身体健强，耐劳苦，上山下田，操作不倦，与男子无二，得社会上平等之看待，或一因也。边地山头居住之女同胞，尚普遍缠足为所谓墨斗脚者，虽亦能健步如飞，但较之天足，当又逊一筹矣。

八　姓　氏

十二版纳摆夷族人，仅有名号而无姓氏，其名且随时代更易，莫衷一是。有幼年时代之名，学僧时代之名，还俗时代之名，有子若女时代之名及为官时代之名。学僧，则弃幼年时代之名；还俗，则弃学僧时代之名；有子若女，则弃还俗时代之名，而从子若女

---

① 《普思沿边志略》："所有未曾剃发官叭人民，有事见官，仍照旧行跪诉礼，若剪过头发者，见官站立说话，遇事格外优待。"

之名名焉。子名爱金，则父名波爱金，母名咩爱金；女名玉玹，则父名波玉玹，母名咩玉玹。波咩者，父母之谓也。从子女名，以从长不从庶为原则。子为长，则从子；女为长，则从女。逮一行作吏，则仅用官称而不名，亦即以官为氏，如诏景哈，如都竜稿，皆属官称，而非个人之私名。历代皆有此类官称[①]，难于区别，治摆夷史者，咸引为莫大之困惑焉。

摆夷既无姓氏，而名又多雷同，于是遂以地望，及其人之老少肥瘦、高矮眇麻等，加于名后，以为区别。如真村有一爱银，贺村亦有一爱银，则呼前者曰爱银真，后者曰爱银贺。又如同一个村庄，而有四人同名为爱仔，则呼肥者曰爱仔比；瘦者曰爱仔元；老者曰爱仔焘；高者曰爱仔嵩。比，肥也；元，瘦也；焘，老也；嵩，高也。亦有迳以诨号，或其所从事之职业为名者。至其土司酋长之姓刀者，盖元人就其头目"Daw"之一词，音译而赐之汉姓也。

罗罗、阿卡、窝泥[②]、攸罗，亦无姓氏，有父子连名之特别习俗，阿卡且言来自大理，与南诏王族皮逻阁一系，应有极重要之渊源。迁入十二版纳之阿卡，

---

①摆夷一行作吏，即用官称而不名，虽似以官为氏，但仅及身而止，其后嗣即不能用此称谓。其官称大都冗长，如"诏景哈"为："巴他马阿夏摩诃些那诏景哈"之简称。已故车里宣慰使刀栋樑之官称，长凡九十五字，其全文之罗马字之译音如下：

Pravaraja aya somrdiech sieta bahrama bongmingdan janingda diebingda namingda tibuti barama nata barama bobita dasa bita damma tala Pravara siti daya Pisai nai maha udamara wong hongtua dasa mandara silisu Pavi Pada sinyio fa maha nagara raja damni Meeng Jingrong Ho-Gham.

②建水石屏所属窝泥，有赵钱孙李四姓。传为明室所赐。

共有布里、吉座等六系。兹将布里阿卡及吉座阿卡两系，自其第一世始祖梭米倭以来，父子连名世系，分列于后：

1. 布里阿卡（其第三十七世始祖铺憋，始由他郎迁至十二版纳）。

梭米倭、倭特勒、特勒总、总麦也、麦也恰、恰滴色、滴色烈、烈卜别、卜别乌、乌牛热、牛热搓、搓莫二、莫二结、结谈盘、谈盘龙、龙韩唐、韩唐欺、欺莴腊、腊竜白、白色勒、勒竜波、波木簸、木簸忒、忒沙表、麦麻臧、臧吉、吉回、回喈、喈喏、喏哺郎、哺郎觉、觉伽、伽白、白冈、三皮、倮喏、铺憋、憋和、和卜洛、鲁切、泽滂、克泼乐、阿澈、澈蒿、蒿三、三喈、喈车、车罗、罗达、达它（共五十代）

2. 吉座阿卡（其第二十七世始祖吉座，由大理经他郎而迁入十二版纳，故名吉座阿卡）。

梭米倭、倭特勒、特勒总、总麦也、麦也恰、恰滴色、滴色烈、烈卜别、卜别乌、乌牛热、牛热搓、搓莫二、莫二结、结谈盘、谈盘龙、龙韩唐、韩唐欺、欺莴腊、腊竜白、白色勒、勒竜波、波木簸、木簸忒、忒沙表、表麻臧、臧吉、吉座、座玻、玻协、协俳、俳伯、伯㳽、㳽邛、邛安、安满、满羌、羌基、基图、图格、格益、阿珂、珂憋、略腌、腌梭、梭戛、戛伽、伽筶、筶拍、拍耶、耶葩、葩罗（共五十一代）

凡父犯禁忌，则子不连父名。格益因穷困致死，未得安葬，故其子阿珂，不连父名。

　　阿卡忌以己名亲口告他人，如遇有询其名者，必须另倩一人为之代答。如无人可倩，则仅以老大、老二之类排行名称，举以相告，非迫不得已，不自道其真名也。其连名略有三式：如父名甲乙丙，则子名（1）乙丙丁，（2）丙丁，或（3）丙丁戊。攸罗人连名方式，亦大率类此。唯窝泥、攸罗尚有四字名，如父名甲乙丙丁，则子名丙丁戊己，孙名戊己庚辛。有三字名，亦有二字名。

　　我国古史中，有以王父之名或字为氏者，如郑穆公之子曰公子丰，其子曰公孙段，其孙曰丰卷、丰施；鲁孝公之子曰公子展，其子曰公孙夷伯，其孙曰展无骇、展禽，是为以王父之名为氏。又郑穆公之子曰公子騑，字子驷，其子曰公孙夏，其孙曰驷带、驷乞；宋桓公之子曰公子目夷，字子鱼，其子曰公孙友，其孙曰鱼莒、鱼石，是为以王父之字为氏。吾人可以称之为祖孙连名，与阿卡、攸罗等族之父子连名之习俗，不无类似之点。又《史记·越世家》及《吴越春秋》，亦有连名之痕迹，此皆极有趣之史实，而值得注意者也。

　　倮黑原无姓氏，其命名大都以十二生肖所属为依据。如子年所生者，名曰札法（阿鼠）；丑年所生者，名曰札努（阿牛）；卯年所生者，名曰札妥（阿兔）：亥年所生者，名曰札哇（阿猪），以此类推。亦有不以生肖所属为名者。晚近亦喜冠以汉姓，通常以"罗""李"二姓为常见。

卡瓦亦无姓氏，其命名以甲子所属，略同倮黑。或以排行，如长子曰爱埃，次子曰爱尼，三子曰爱三、四子曰爱些，五子曰爱俄。如系官家，则易"爱"为"昆"。"爱"为一般男子之美称；"昆"为官称，皆采自摆夷语。"埃""尼""三""些"及"俄"为阳性次序数第一、第二、第三、第四及第五。意为大男、二男、三男、四男及五男。女子则用阴性次序数。其土官亦冠汉姓，岩帅土官姓田氏，即为一例。

僮人多冠汉姓，以盘（Rean）、邓（Deng）、冯（Boong）、陈（Jaan）、黄（Yang）及李（Lay）等六姓为最多。其命名则以另一方式出之。如父之学名为盘文明，则长子名曰盘高明；长女名曰盘沽美明。如女年较少，亦有易盘沽美明为盘乃明者。"高"及"沽美"之训为长，为第一；但"高"属阳性，"沽美"属阴性；"乃"训第二，属通性，男女均可通用，故次子次女，均可名为乃明。此类跟随父名而名之名，称为家名，亦即乳名。凡属男子，除家名而外，须另有一学名。子随父名，必须随父之学名，而不能随父之家名。女子例无学名。

九 医 药

摆夷蒲蛮，病鲜求医，以赎佛送鬼为已疾之不二法门。间有医药，亦极幼稚，诊断切脉望色似中医，药则无所谓丸散汤剂之作，无煨煨炙炒浸洗蒸煮之制，概以生药就粗糙碗底磨冷水作服。处方多系单味，极三四味为止，不似时医用药之庞杂。惜用量过微，气味浓厚，而有效成分易溶于水中者，或有作用；气味淡薄，非用大量，且非浸煮不能将有效成分溶解于水中者，有等于无。纵使药症相符，亦难奏效，摆夷之不喜医药，或以此耳。然亦有其历来相传之特效方药多种，其奏效之确实迅速，有难惊者，如创伤拆骨堕胎毒箭一类之方剂是也。毒箭药又称弩箭药，为由洮语呼为"构"之一种大乔木之树浆所制成。树高二三十丈，叶大如掌，革质，被细毛，有钝锯齿。浆有剧毒，分红浆、白浆两种，红浆之一种，其毒尤烈。但侵入血管，即能驱全身之血，壅塞喉管以死，故又名"见血封喉"药云。属大戟科。夷人取浆涂箭镞，于虎豹出没之地，潜布地弩，箭置弩上，而设为机巧焉。虎豹经过，一触即发，发必中，中必死。民国十年七八月间，佛海患虎，猛遮、猛海两地之死于虎口者七十余人。时行政委员李梦弼君，倩人以此法得巨虎四、豹三。剖视喉管，皆有五六寸瘀血壅塞硬化云。

　　幼痘一科，向鲜医药，亦不知引种之术。天花流行之时，除赕佛送鬼而外，唯有听其传染，听其死生而矣。旧日间有一二中痘师，一年一度到十二版纳各地吹种天然痘，然知识浅陋，选种弗良，种者与出天花无异，又无良方善其后，危险殊甚，不得夷人之信任。其后美国耶教徒，每于冬春两季，四出施种牛痘，活人无算。比年汉人中之习此道者，每届冬令，亦多携带痘苗，四出点种，每孩收费五角至一元。要皆边地幼孩之幸福也。

阿卡人对于天花用隔绝法，驱患者于山箐深处，按日由村中之曾患过天花者，往授以饮食。授食用丈余竹竿递给，俾勿接触授食之人，必待落痂而后，方使归来。死则听其为鸟兽所啄食也。其对于一般疾病，亦如摆夷之不求医药，唯阿卡信仰泛灵而不奉佛教，故禳鬼而不赊佛。禳鬼须杀牲，牲分五等：水牛第一，黄牛次之，山羊、犬及鸡又次之。其病之缠绵者，常由鸡杀至水牛，而水牛又不知牺牲若干头而不愈者，时日之旷废，又不知几许也。

边地居民之饮食居处，多不能符合卫生条件，又不信医药，而十二版纳，又为一般人所公认为蛮烟瘴雨之乡，然独多长寿之人，八九十岁者，比比皆是。论者有谓边民多乐天，劳息有节，加以边地空气清新，阳光富足，故多能尽其天年。边区视长寿为自然，而内地则认为人瑞矣。

十 岁 时

元旦：水摆夷以清明后十日为新年元旦，元旦之晨，所有贵族平民，皆须沐浴，更换新衣，诣佛寺赊佛。并堆沙，故又名曰"堆沙节"。妇女辈各担水一挑，泼向佛身，而由寺中和尚，为佛洗净灰尘。浴佛之后，男男女女，互浇以水，表示祝福，然后燃放

"高升"。"高升"以整棵大竹筒为之，根部附有六七尺长之火药筒，火药筒之周围，再环以哨筒十数，并接以药线。整个"高升"，有长至四五丈，重至数百斤者。于空旷地筑一竹木高架，"高升"即斜依其上。燃着火线，药发竹升，利用喷射原理，喷射天空，高数百丈，哨筒迎风作声，其声嗡轰，观众欢声如雷，有歌者，有舞者，颇极一时之盛。下午又有抛彩球之戏，俗称"丢包"。红男绿女，成群结队，齐集球场，勿论人数多寡，概分两组，男为一组，女为一组，相向对立，距可三四丈或五六丈不等。球以布为之，或绣花，或否，中实柔物，上缀流苏，并具提手。球为女子物，故发球由女方面居先。此发彼接，无一定秩序，无规则，球近者，皆可举手接之。然大都先期私约，非感情素惬，不轻掷予，而掷亦不受也。接失者负，得者胜。女胜，则男方面赠以铜圆；男胜，则女方面奖以槟榔菝果。或负或胜，观众皆拍掌欢呼曰"水"，以为笑乐。抛球之戏，旧仅行于小历元旦，今则凡遇中历春节，彼等亦迎合助兴焉。车里宣慰司治，并有竞龙舟之戏。士女如云，锦绣夹道，"高升"喷射空中，清歌声满江上，洵佳辰也。竞舟者，以先至目的地为胜：胜者，宣慰使奖予银牌；负者，则以不去毛竹箬，亦剪裁如银牌状予之，罚令悬耳上。亦激励之意也。秋千亦新年游戏节目之一，多妇女为之，或一人，或二三人，飞掷平架，雅拟半仙，亦乡僻间有助于妇女界体育之一种快乐也。秋千之戏，由来旧矣，当齐桓北伐之时，即由山戎传入中原。至十二版纳之秋千，则又由内地传入无疑。汉唐宫中多用之，今则无地无之矣。元旦三日间，摆夷青年男子，更沿门跳舞贺年，歌玉纳呵①。至者饮以烧酒，泼水为戏，无不淋漓尽致，故又有人称此日为"泼水节"者。汉人多赠予银元，彼等尝作数日之饮乐焉。

阿卡新年，大抵在中历六月十九日至二十二日，或言与星回节有关。为时蟆蚱（蝗属）最为繁殖，阿卡捉以祭神，祝勿伤稼，一般人因呼之为"蟆蚱年"云。节日尤多，每月最少一次，不胜其纪。

祭垄：十二版纳各地，皆有祭垄之俗。岁一祭，或数祭，或数年一祭，各猛不同。所祭之对象及所用之牺牲，亦甚殊异。其首府景晚，即车里坝子，一年三祭，由小历十一月之第一个亥日开始②，每十日一次，每次一日，共三次。第一次，系祭桥榔山之阿喇瓦噶雅（Aravakayak）大鬼。据传大鬼嗜啖生肉，后经如来施戒，得证道果，佛为赐名曰：阿喇瓦噶梭拉（Aravakasoda）。第二次，系祭戛洒街附近之邦讽。据传某代车里王，曾得神人之助，至邦讽一大树上弋取飞鸟。得鸟后，高呼神名，神即出现其前，让其归家。其后车里王未经神人之助，自往攀登邦讽大树，射飞鸟不获，呼保护神不至，坠树而死，因此车里坝子居

①玉纳呵：为摆夷族普遍流行的一种欢情歌舞曲。三字一句，一韵二句。每一阕之末，大都有"玉纳呵，玉纳回"二句，故名。

②似亦有例外，如民国三十七年，系由阴历八月（即小历十一月）初七日丁酉开始。再二日方为己亥。

民，每年此日，必须祭祀此坠树而死之车里王一次。第三次，系祭"布都洞阳"，译言洞阳门，即车里县治所在，景德土城之南门，出城即景阑。据传某代另一车里王，有一次至洞阳门外之景阑"乐骚"（Yawsao，即玩姑娘）被刺，由其侍从二人扶行至城门而死，泐语谓扶行曰"洞阳"，谓门曰"布都"，故名之曰"布都洞阳"云。

　　猛海三年一小祭，九年一大祭，祀摆夷族侵夺猛海时被杀之阿卡王（南诏诸侯之一）及若干死难者。祭牲用水牛。水牛须择其生态、角形、毛章及旋毛位置之合乎标准者。由负责人先期探访，并议定价格。议价例须三次，且逐次均须增值。如牛主呼价百元，则买方应给百一十元；牛主故不可，增价为百二十元，则买方应给百三十元；牛主又不可，又增价至百四十元，则买方应给价百五十元，凡三次增值而定。言必须如此，方足以征兆年岁之丰盈云。牛价议定付值之后，即于举行祭垄之先一日傍晚，将牛牵至酋长（即土司）官邸，派定专人，轮班值守。水牛大小便溺，须妥盛以承器，不可使其染污地面。同时并禁其酋长于别室，命两童女立左右看守之，不许发言，言则不祥。至期，于垄山（此不指坟场）树一木桩，移牛拴柱上。主祭官立于摽牛场旁筑就之神坛前，对空虔诚祷告。祷告毕，先由"摩猛"①以大刀直摽牛身，牛受刀负痛绕柱狂奔，环绕之人，乱刀齐发，活活将牛摽

① 即全境大巫师。

倒于地。参与之人，遂群趋前争割一脔，或藏以为醢，或即投火炙食。有牛尚怒眼刺人，喘呼未已，而其一部分皮肉，已吞入人腹者，其状至惨。摽牛倒地之后，即有一人飞奔至酋长官邸，报告摽牛倒地时之形态，及首尾方位，以卜一岁之休咎，并鸣砲解禁，倾倒水牛之便溺。至此，为酋长者，方能恢复自由，可以行动言笑。有时树柱不够牢固，为牛负痛拔走，则认为岁凶而不吉。旧时大祭为期四十日，其间禁婚娶、屠宰、劳作、牧放牛马鸡犬，忌入川泽，断阻交通，邻封亦不能往来。今汉族杂居其中，人事亦繁，欲禁不能，禁期已缩短为一日，此风殆已逐渐更变矣。

阿卡祭牲用犬，卡瓦以猪，各族不同。

第十章 语 文

一 语 言

十二版纳，民族繁多，故语言亦极为庞杂，若去其小异，就其大体而言，亦如民族之约可归纳为四大系，曰：泰掸语系；曰：藏缅语系；曰：苗傜语系；曰：孟克语系。

在十二版纳领域，以泰掸语系中之水摆夷语，称为歹泐语，或简称泐语者，通行最广，应用最大，举凡十二版纳各民族，几无一不以水摆夷语为沟通情愫之唯一媒介者。盖水摆夷族，在昔半自主时代，传统的握有政治上之主权，其他各民族，皆处于被治之地位，人口既众（占全境人口总数百分之六十以上），而又有较高级之文化故也。其通行次广者，为藏缅语系中之阿卡语，及孟克语系中之蒲蛮语。卡康、卡摩、克老、黎苏等族，人数最少（不足百分之一），其语言之应用范围亦最狭。

国语年来为用渐广，接近汉人聚居区域，及交通线上之土人，类多能操一种不纯粹之蓝青官话，以与汉人作简单之接谈。其他各地，则非摆夷语言，不能交谈矣。水摆夷与汉摆夷之语言，又微有不同，因之文字亦有差异。沙人语言，接近花腰摆夷，而花腰摆夷之语言，又接近汉摆夷，皆混有汉语。阿卡、窝泥、倮黑、攸罗、黎苏之语言，大同而小异。克老语似倮黑；息洞与才瓦之语言，差异较多，但语法则完全相同，如动词及形容词，均在名词之后。罗罗、汉摆夷、倮黑、阿卡、苗、傜、攸罗、才瓦等，大都兼通国语。罗罗自言为湘潭人，汉语极其流利，言谈之间，几不复能为汉夷之辨也。

摆夷有文字，当另节叙述。兹将藏缅系之黎苏、阿卡、倮黑、攸罗、卡康；苗傜系之苗子、傜人；孟克语系之蒲蛮、卡瓦、卡摩等族之语言，略记于后，以见一斑：

汉字	黎苏	阿卡	倮黑	攸罗	卡康	苗子	僜人	蒲蛮	卡瓦	卡摩
一	Di-Mha	Di	Die	Tii	Ngai	I	Ya	Gedih	Dii	Muei
二	Nii-Mha	Ni	Nii	Nhi	Lekoong	A	Yi	Lal	Rhaa	Ban
三	Sa-Mha	Shong	Sie	Se	Mushong	Bie	Bua	Lowai	Loo-Ng ieh	Bie
四	Lii-Lie	Ngye	Or	Lii	Mulii	Bulhau	Bie	Buen	Buoon	Si
五	Wu-Mha	Nga	Nga	Ngo	Mu-Ngaa	Je	Bia	Fan	Puaan	Ha
六	Ghuo Mha	Go	Ko	Cho	Kloo	Jao	Juu	Liise	Liia	Hlo
七	Tsy Mba	Shi	Sy	Si	Chirni	Shiang	Sie	Aliise	Aliia	Jit
八	Guo-Mha	Ye	Hih	Hie	Mutzaa	Yi	Hie	Klongdi	Sdaai	Biet
九	Guu-Mha	Ei	Goo	Jiu	Jiukuu	Giio	Lu-A	Sdim	Sendim	Kao
十	Hih Mha	Chie	D echi	Cher	Shi	Gaw	Jiep	Sip	Gau	Sip
十一	Hihdi-Mha	Dichiedi	Diechidie		Shimu-ngai	Gaw-I	Jiep-iek		Gaudii	
十二	Hihnii Mha	Dichieni	Diechinii		Shimu-koong	Gaw-A	Jiepni		Gau Ruaa	
百	Yitsy Mba	Tyiya	D eha	Ti-ya	Letzaa	I-buo	Yabe	Dithwai	Deyii	

续表

汉字	黎苏	阿卡	倮黑	攸罗	卡康	苗子	僮人	蒲蛮	卡瓦	卡摩
千			Diehien	Cherya	Kinmie	I-chien	Yachin	Dihmhen	Dereen	
万			Diemenh			I-wan	Ya-wan		Demenh	
昨日			Amita			Darjir	Ninhuai	Namgo	Karkau	
今日			Yahni			Nuunoh	In-huai	Saniilion	Neng Ngieh	
明日			Suh-Or			Birjir	Ianhuai	Ngeensa	Puensa	
头		Odu	Wuhgu		Buo	Dαabo	Mu Ngoong	Kin	Gai	Koam boang
面		Hmibye	Miiepuu			Mhi	Mianh		Seebaa	
目		Meale	Miiesir		Mi	Kαuh Muo	Ianjing	Ai	Ngaai	
耳		Nabo	Nabo		Nhα		Wunong	Io	IeRhaub	
鼻		Nα-Mhi	Nakoo		Ledii		Muiuong	Moos	Gong-mueei	
口		Hαr Mhi	Mogo		Yihoo	Kuα	Bienh	Men	Jee	
齿		Sei	Jir				Ngia	Mubeng	Rbaang	

续 表

汉字	黎苏	阿卡	倮黑	攸罗	卡康	苗子	倮人	蒲蛮	卡瓦	卡摩
手		Arla	Lashie		Leda	Tsai;Cai	Buoh-A	Di	Tae	Di
脚		Arka	Keshie		Lego	De	Jaoh	Jiong	Jiaang	Jijoang
皮			Ker				Lop		Har	
骨		Wudwu-Chiekang	Mugu				Buoon		Sy-ngaang	
发		Miemang	Wugumu				Bie	Huo	Hek; Haik	
须							Siam	Mubaw	Hamjee	
乳房			Juhnie				Lioh;Nioh		Dueei	
壮			Olbir				Gasie		Vaai	
心			Niima		Ma		Bar-In	Puong	Rham	
身体		Hohmo	Ordu			Niiau			Du	
立			Dur				Suu	Jaang	Jiong;Bolaihoo	
坐			Mee		Dongmuu		Jieh	Ngaan	Ngoong	

续表

汉字	黎苏	阿卡	倮黑	攸罗	卡康	苗子	窝人	蒲蛮	卡瓦	卡摩
臥			Ry		Yupshai	Bur	Bueihgiien Bueihiyom	I	Iek	Si
生			Kiie			Yu			Gie	
死			Sy		Shiibe	Dol	Dao		Yom	
饮			Do		Nu	Haw	Hor		Niia	
食；吃		Tzaa	Tzaa		Chia	Nan	Nian	Song	Song	
咬			Chie			Du	Nga		Green	
洗			Tsy			Joh-O	Yau		Paa	
打			Duuo		Bet	Dua	Buuo;Bo	Da;Doo	Guu	
寻觅			Tza			Chie	Hlo		So	
拿			Ru				Lho	Duiie	Viie	
走			Gai		Kuang	Lu	Yaang		Huuo	
来			La		Wale		Dae	In	Hweei	Wied

续 表

汉字	黎苏	阿卡	课黑	收罗	卡康	苗子	僙人	蒲蛮	卡瓦	卡摩
去			Keh;Gai		Chasu	Mong	Min	Hel	Huuo	Yoao;Yo
有			Juo		Ngayii	Mu	Mai	Guei	Guei	
无			Majuo		Mu-ngai	Jemu	Mumai	Wen-guei	Ngang-guei	
是			Rhuo			Yau	Jiie		Moo	
非			Mahie			Jeyau	Mujiie		Ngang-moo	
不			Mɐ;Daa			Je	Mu	Wen	Ngang	
要			Hee			Yoh		Duiie	Tuie	Nge:E
做			Die				Juo		Yiu	
高			Mhu			Rheh	Hang-le;Hang	Lhong	Loong	
低							Ae-le,Ae	Diem-diem	Diem	
红			Ni			Hla	Sii	Sekehle	Rhau	
黄		Yehsu	Sihlie		Mu	Dan	Yang		Simi	

179

续表

汉字	黎苏	阿卡	倮黑	倮罗	卡康	苗子	僬人	蒲蛮	卡瓦	卡摩
白		Yepiu	Puh		Puhlo	Dou	Be	Baan	Baai	
黑		Yena	Naake			Du	Giie	Laang	Loong	
大		Igihergie	Nge		Wa-ayi	Lu	Duong;Ho	De	Diing	
小		Iginlugie	I		Nu-ayi	Hmi	Faih	Ngie	Yak	
多			Bie			Jiong	Champ	Heng	Niie	
少			Chihieh			Je	Ju	Leeng	Jee	
长			Rhy	Jaychiala		Jiau	Daau;Laao	Hlang	Laang	
短			Chisy			Dieh	Naang	Hleng	Nga-Ngi	
厚			Tu				Ho	Kabel	Buu	
薄							Bo	Liel	Ziie	
深			Nhajy				Duo	Hlu	Zak	
浅							Chiaan	Wenhlu	Too	

续 表

汉字	黎苏	阿卡	倮黑	攸罗	卡康	苗子	侩人	蒲蛮	卡瓦	卡摩
宽							Giiang	Waa	Vaa	
窄							Hiep	Wenwaa	Gaub	
好			Dar		Gejia	Rhung	Long-Ie;Luong	Hai	Moong	
坏			Nadar		Mu-gejia	Jerhung	Uair	Wenhai	Ngang-mauh;Lee	
人		Soohar	Tsuo;Chuo	Tso Lho	Mushia	Doolian	Mian	Bueir	Buei	
家庭			Akoo			Je	Biau		Dae	
亲戚			Avih				Chinjia		Buniie	
父	Baba	Ada	Aba		Waa	Tzyh	Die	Uen	Geeng	
母	Mama	Ama	Cr-Ie		Luu	Naa	Mha	Mha	Mie	
丈夫	Nyakaso-ya		Orpoo;Ba		Hla	Gawyu	Guoh		Miie	
妻	Nyamia		Mihma		Mudujian	Gawbu	Au	Lebeng	Muen	
伯			Laubu			Ningtzy	Biie		Ding	

181

续表

汉字	黎苏	阿卡	倮黑	收罗	卡康	苗子	倮人	蒲蛮	卡瓦	卡摩
叔			Asu				Yuh		Ganyah	
兄			Avihba			Dylaw	Goh		Bugiie	
弟			Nhiba			Guh	Yuh		Bubuu	
姐			Avihhma			Dylaw	Duo		Bugiebeng	
妹			Nhihma			Guh	Muo		Bubeng	
子			Raba		Ma	Hmidu	Duan		Gansmie	
女			Ramii		Lomte-chia	Hmitsai	Sieduan;Sie		Ganbeng	
汉人	Herpar	Laber	Hiebar		Miwar	Shoh	Jieke		Ho	Ho
摆夷			Bitsuo		Sam	Jioh;Thai			Siam	Syam
我		Nga;A	Nga		Ngai	Gu	Ie	U	Ngee	
我的		Noo-ngeh	Ngavie		Ngaigoh		Iehnie		Moojee	
我们			Ngahe		Ngaiyi		Iebo	Ie	Yieweei	

续　表

汉字	黎苏	阿卡	倮黑	攸罗	卡康	苗子	傈人	蒲蛮	卡瓦	卡摩
你		Ro	No		Hnang	Gawh	Mei	Hmi	Maai	
你的		Nangeh	Novie		Hnang-goh		Meinie		Jeemaai	
你们			Nohe		Hnangyi		Meibo	Gie	Baaiwei	
他		Rho	Rhuo		Si	Yauha;Rhauha	Lin	En;Die	Noo	
他的		Tengeh	Rhuovie		Sigoh		Linhnie		Jeenoo	
他们			Rhuohe		Siyi		Linbo	Gah;Gie	Giieweei	
谁			Asuu				Hadau		Moomoo	
这个			Chipanh				Hedau		Ing	
那个			Ovie				Hahno		Ngan	
饭		Hor	Or		Shia	Hmau	Hang	Wup	Nge	
菜			Chii			Rhau	Hlai		Dak	
茶			La		Panap		Jaa	Wongla	Cha	

续表

汉字	黎苏	阿卡	倮黑	收罗	卡康	苗子	猺人	蒲蛮	卡瓦	卡摩
水		I-Su;Ujeo	Ngiehga	Yiechio	Nichin	Dirii	Ong	Weng	Rhoong	Ngoam;Oam
酒			Tzy		Samshiu		Diiu	Buhlai	Biaai	
肉		Ban(Banhli)	Sar			Ka	Oo	Nie	Nie	
鸡蛋			A-U				Biyau	Gedan	Ka	
油			Sachu			Jaw	Muei		Bee	
盐			Alie			Je	Yaau	Gis	Gii	
吃饭		Hortzaa	Ortzaa		Shiachia	Nanhmau	Nianhang	Songwup	Song nge	Mhama
饮水			Ngehgador		Nichinmu	Hawdirii	Hop-Ong	Lio Oam	Niia Rhong	Ya-Oam
衣		Pieharng	Abur	Gattui	Buhlong	Chau	Hluei	Puloo;Jiah	Saapieh	
裤		Labar;Ladi	Hartuo	Lhachuo	Lebuo	Je	Houh	Sehla	Kla	
裙		Pyidi	Tiedu				Jueng	Ja	Dai	
包巾			Uhmih	Uuei			Bioumu,Ngong-lelie		Ngop	Mboang

续表

汉字	黎	苏	阿卡	果黑	攸罗	卡康	苗子	倮人	蒲蛮	卡瓦	卡摩
鞋			Syeno	Keenuu	Kie	Jiapdin	Kau	Hie		Giep	
帽			Lahe	Uhtzy		Kuogiup	Mau	Mo-A	Chuohmo	Hmoko	Moh
房屋			Yung	Yi			Jenh	Biau	Ngia	Nia	Gang
门				Yimii			Kahjoo	Giien;Geen	Lawah	Sveei	
卧室				Ryger			Hochang	Biaugian	Leen-I	Nongnia	
桌					Kietala			Diie-E		Kong	
凳				Metoo	Deni-Nge			Dueng	Bang	Kan Ngong	
刀				Ajuo		Ianggang	Ja	Ru	Nah	Mh	
瓢			Honghma	Kie		Koo	Dy	Yian	Duoh	Kloong	
筷			Juda	Ʌjuga		Tuh		Ju		To	
锅				Ʌtsy;Mo	Sieyau;Jiolo			Chien	Ual	Duang	
柴			Jar	Shy	Mijuo	Tang			Ki	Kii	

185

续表

卡摩	卡瓦	蒲蛮	傈人	猫子	卡康	攸罗	倮黑	阿卡	苏	黎	汉字
	Supmuke	Mao	Inbia		Ya	Yako	Suu				草荞
	Tongmiah	Niou Hmiau				Yadie	Suukuu				烟秆
Lawang	Tzeyie;Rhaumaa	Fa	Long		Jan	Micho-chona	Ngesha	Woeng			天
Masahing	S-Ngaai	Aeseni	Buhuai		Jiang	Nie Nge	Muutsa	Nee Mha			日
Moang	Kii	Langkih	Hah		Chida	Bulo	Hahba	Bala			月
Salamie	Sir Ngoi	Seenmay	Fien		Chigan						星
Badiang	Biangdae	Gadieh	Dau		Ga	Micha	Mee	Hmitsa			地
	Uh		Douh	Hoo	Wan	Hmi	Ami	Mi			火
Deengse	Gong	Ngen Gwo	Jie-Ie		Bung		Hiiebehko	Musie			山
	Xah Blang	Regwo	Faubjie-A	Bao Rhee							爬山
	Smao		Labiie Biiehinh				Hehbe	Kalo			石
	Glao泥;Dae		Dau					Misha			土

186

续 表

汉字	黎苏	阿卡	倮黑	收罗	卡康	苗子	徭人	蒲蛮	卡瓦	卡摩
江河					Kar	A	Ong	Wengdeh	Krong河;Saa	Oamma
田		Diehma			Pir			Guong	Na	Lana
左			Lami				Juuo	Dyvii	Gavieh	
右			Lasa				Iuh	Dydam	Gadong	
鸟							No		Sim	
鱼		Ngasa	Ngaa			Je	Biyau-Biau		Ga	
牛	Anii	Mohnie	N·uu		Longchu	Niu	Ngoong	Moai	Mueei	
水牛	Anga	Niou	Oga		Ubai		Shuei-Ngoong	Kla	Graa	
山羊			Pieh		Baihnam		Yong		Biie	
马		Mang	Ngieh-Muu		Gongla	Neng	Maa	Rang	Bloong	
猪	Avie	Ngaya	Vɛ;Wa		Wa	Bo	Dong	Hli	Lii	
狗	Ana	Ngake	Pee		Gueei	Derih;Dieh	Juu	Soh	Suu	

续 表

汉字	黎苏	阿卡	倮黑	攸罗	卡康	苗子	倮人	蒲蛮	卡瓦	卡摩
猫		Ami	Mihhmi			Hmau	Buloong		Miau	
虎			Laalong			Juh	Laimau		Ryvai	
象		Yoma	Ho			Tsy	Jang		Sang	
鸡		Ngaha	A		Wu	Ke	Gie	Yai; Eil	Ya	
树木		Takaw-biyaw	Shyjie			Douh	Liang	Namkoo	Kao	
叶		Apa					Nom		Lakao	
花			Sehvii				Biiang		Dae	
果			Isi				Biio		Bliie	
种子							Niim		Smai	
竹			Vaa				Lang	Boh	Auu	
草		Yaga	Ree			Rhaau	Mi-A	Rip	Pip	
青菜			Ojah				Hlaimen	Dagehlan	Dakgrau	

续表

汉字	苏	黎	阿卡	倮黑	攸罗	卡康	苗子	傜人	蒲蛮	卡瓦	卡摩
辣椒				Apie				Fanjiu	Pelii	Men-Gram	
谷子				Tzasi		Mhang	Choh	Chuu		Oo	
米			Chiepun	Tzaka			Jai	Meei		Gau	
粳米			Hsekum	Tzaka				Meeijii		Gau-A	
糯米				Tzanohka				Meeiboey		Gaubit	
玉蜀黍				Samah				Baome	Sahli	Suwong	
花生								Dur		Jimgdae	
马铃薯								Yang-lh		Honiekua	
山地							Dih	Giehdau		Maa	Ehierie
村寨			Pu	Kaako				Lang		Yaang	
街市				Tzyko				Gar		Lac;Lai	
道路				Rogo		Lam		Giiau	Kral	Gra	

续表

汉字	黎苏	阿卡	倮黑	攸罗	卡康	苗子	倮人	蒲蛮	卡瓦	卡摩
走路			Gai		Lam Kuang	Monggie	Yaang Giiau		Ohgra	Diea Ngoan
船舶		Law					Raam		Rhee	
骑马			Ngiemuu jii				Chipmaa		Bludong	
神			Ngesa				Miian		Reya	
鬼		Chowu	Ber				Gianh		Se	
金			Si				Jin	Gham	Klii	
银			Pu				Man	Mul	Mee	Gemun
铜			Duang				Doong	Hla	Tuang	
铁			Su				Tii	Liie	Liam	

二　文　字

十二版纳通行之摆夷文，为一种衍声文字，由声母与韵母组合而成。书法横衍右行如英法文字。一般人以其所用字母与缅甸文字母类似，遂指为缅文，而其实与缅甸文字，大不相同。缅甸文之动词，在名词后，而摆夷文之动词，在名词之前；缅甸文有所有格代名词，而宾主位不倒置，摆夷文通常不用所有格代名词，而宾主位倒置；又缅甸文之数词，不分单数及复数，而摆夷文则将单数数词，置于量词之后，复数数词，置于量词之前，以为单数抑复数之区别，尤属根本不同。亦犹英法文然，虽同用罗马字母拼方音，但不能遂指英文为法文，或认法文作英文，更不能认今之国语罗马字或拉丁化新文字而为英文或法文也。与暹罗文近似，盖同出一语源者，唯外形之差异，则反较缅甸文为大。暹罗文自经美国传教医生之改进，英人罗上尉为之发明字粒，于公元一八三六年，开始成立暹文活字印务局之后，文化大进；而摆夷文，则始终停滞于手写阶段，不免落后耳。

十二版纳通行之摆夷文，计有两种：一为水摆夷文，即歹渤文，亦即渤文，又称为经文者，通行最广，除通行十二版纳之外，兼及澜沧之孟琏，缅属之孟艮，越属之整欠及暹罗北部之清迈、南邦一带佬族地区[①]；一为汉摆夷文，即歹妻文，通行于汉摆夷社会。兹分叙于后：

1. 泐文：泐文创自何人，始于何代，以文献无征，颇难稽考。纪录始自公元一一八〇年之泐史，较速古台第三世王敢木丁（Khun Rama Khamheng）创造暹罗文之时（公元一二八三年），尚早一世纪有奇，但泐史未触及敢木丁王其人及其事功，当然谈不到其所创造之暹罗文与泐文之关系。或许泐文与暹罗文之创制，互不相涉。然同为源自梵文所从出，则应无疑义。意者古代南印度宗教家，介绍婆罗门及佛教东来，即利用南印度之圆体"克罗那陀"（Kharanadha）文为蓝本，为缅甸人创制缅文，再东向而为十二版纳之摆夷族创制泐文。或者缅甸人及摆夷接受教义之后，各自参照南印度之梵文，创制其己族之文字，所以同为圆体。亦可能先有摆夷文而后有缅甸文。David Diringer 氏则认为其主体仍为十三世纪之古佬文，而佬文则源 Mon 文[②]。至于暹罗文，显然脱胎自吉蔑文，因之字体亦受吉蔑文之影响，与泐文异趣。

泐文原有元音韵母八，声母三十有三，其声韵母之音值及排列之次第，几与梵文完全一致。在此套字母中，其音值为泐语所无者，仍予保留不用，或仅用诸经典之译文；其为泐语中所习有之音，而为梵文字

①《逻罗国志》："迨公元一五〇七年间，百万稻田国，废止速古台泰文，改用十二版纳怒子（即指水摆夷）之文字。"但此种泐文，晚近在逻罗境内，已被废止，而改用泰文矣。

② 见氏著 The Aphabet 1948 P.414。

母中所缺乏者，则另创新母附加之。计有附加声母八及复合声母七，连原有之声韵母四十一，共得五十六字母。声母读音，分正音及变音：含"A"韵读者，称为正音；含"O"韵读者，称为变音。单独应用时，亦即仅有声母，而不附任何韵母时，读作正音，通常省略"A"韵；与韵母拼缀调音时，读作变音。拼法简易，但能认识其声韵母之音读及拼法，即可阅读。文法整洁，成人力学半载，可以入门。言文一致，凡言所能及者，文亦能曲尽表达出之。举凡宗教、哲理、自然、社会、语文、史地、医药、艺术、艺文，以至书牍、账册、巫卜、星相之类，无不应有尽有。

因渤语有高低清浊之不同，故渤文遂有声调符号之应用。同时声母亦有清音、浊音及中音之分，韵母有长音及短音之分。中音之"ʒ""ʃ""ʊ""ʌ"四母，可以调出六声，以"ı""ᒄ""ᐱ""ᢓ"及"ᒐ"等五种声调符号，标于字上以别之。其第一声，相当于汉字之阴平，第二声若去声，第三声为阴入，是为清音；第四声相当于汉字之上声，第五声若阳平，第六声为阳入，是为浊音。第一声，不加声调符号；标第二声，用第一种声调符号；标第三声，用第二种声调符号，以此类推。其他清音及浊音各声母，仅各能调出三声，通用第一及第二两种声调符号。清音第二及第三两声，用第一及第二两种声调符号，读若去声及阴入；第一声读若阴平。浊音第二及第三两声，亦同用第一及第二两种声调符号，读若阳平及阳入；第一声读若上声。

清音及浊音之第一声，均不标用声调符号。

泐文字母

（共五十六字）

（韵母）

ǎ a i í ú u e o

（声母）

k kh g gh ng

c ch j jh ñ

ṭ ṭh ḍ ḍh ṇ

t th d dh n

b;p ph b bh m

y r l o;v s h ḷ ṁ

（附加声母）

p y hf ṛ gh jh;s ṣ h

（复合声母）

br hy hm hn hng hl hw

ꩴ或作ꩪ，避与ꩫ混，而ꩩ、ꩩ两附加声母，只能算作ꩠ、ꩠ两声母之变体，再减掉七个复合声母，实际

194

只算得四十七个字母也。

上列八元音韵母，系独立应用时之原始形式，如与声母拼缀，则应变为后面之①（韵母省略）、②、③、④、⑤、⑥、⑦及⑩等八个形式。

韵　母

（字）	（韵母）	（韵母读音）	（韵母位置）
① ᨠ		Mai Kǎ=ǎ	省略短音"A"韵母
② ᨠ	ꪸ	Mai Ka=a	在声母之后
③ ᨠ	ꪲ	Mai Kǐ=ǐ	在声母之上
④ ᨠ	ꪱ	Mai Ki=i	在声母之上
⑤ ᨠ	ꪴ	Mai Kǔ=ǔ	在声母之下
⑥ ᨠ	ꪵ	Mai Ku=u	在声母之下
⑦ ᨠ	ꪶ	Mai Kè=è	在声母之前
⑧ ᨠᨠ	ꪶꪶ	Mai Kie=ie	在声母之前
⑨ ᨠ	ꪹ	Mai Kai=ai	在声母之前
⑩ ᨠ	ꪻ	Mai Ko=o	在声母之前
⑪ ᨠ	ꪼ	Mai Kao=ao	在声母之前后及上面
⑫ ᨠ	ꪷ	Mai Kam=am	在声母之上
⑬ ᨠ	ꪽ	Mai Kǎ=ǎ	在声母之后

上列韵母一十二（省略韵母不计），须除去"ᨠ"声母看，如第二行。有加于声母之上或下者；有加于声母之前或后者，亦有加于声母之上下前后者。此外尚有复合韵母及带声韵母甚多，不能遍举。至拼读时，则勿论韵母在声母之前或后、上或下，皆须先读韵母，后

读声母，方能得其字音。如："ᩮᩮ"，读为 Mai Ka say Ko Ka，"ᩈ"，读为 Mai Ku Say So Su Say 为拼上之义，即言以 "ᩫ"（Mai Ka=A）韵母，拼上 "ᩮ"（Ko=K）声母，则读为 "ᩮᩮ"（Ka）;以 "□"（Mai Ku=U）韵母，拼上 "ᩈ"（So=S）声母，则读为 "ᩈ"（Su）也。余仿此。

泐文举隅
名　词
（有形名词）

（泐文）	（罗马字注音）	（汉译）	（泐文）	（罗马字注音）	（汉译）
ᩁᩁ	Fa	天	ᩁ	Din 转 Lin	地
ᩣᩁᩁ	Ta Van	日	ᩁ	Daen 转 Laen	月
ᩁ	Duai 转 Luai	山	ᩁᩁᩁ	Mie Nam	川
ᩁ；ᩁᩁ	Ya；Hya	草	ᩁ	Mai	木
ᩁᩁ	Nam	水	ᩁᩁ	Fai	火
ᩁ	Voo	黄牛	ᩁᩁ	Mla 转 Ma	马
ᩁ	Na	田	ᩁᩁ	Soen	圆

（无形名词）

（泐文）	（罗马字注音）	（释义）	（汉译）
ᩁᩁᩁ	Hun Van Oh	（日出之方）	东
ᩁᩁᩁ	Hun Van Tok	（日落之方）	西
ᩁᩁᩁ	Hun Taiy	（下方）	南

ꪋꪉ ꪻꪬꪸ	Hun Hne	（上方）	北
ꪎꪱꪲꪉ ꪬꪳꪉ	Radu Hnao	（小历一至四月）	寒季
ꪎꪱꪲꪉ ꪩꪸꪙ	Radu Loan	（小历五至八月）	暑季
ꪎꪱꪲꪉ ꪬꪳꪙ	Radu Hfuen	（小历九至十二月）	雨季

（注）舌尖后声之"D"，语音通作"L"。

（普通名词）

（渤文）	（罗马字注音）	（汉译）
ꪘꪳ	Gun	人
ꪙꪮꪀ	Nok	鸟
ꪎꪳꪸ	Siet；Sat	兽

（代名词）

ꪸꪱꪳꪉ, ꪹꪱꪲ	Rao（读音）；Hao（语音）	我
ꪎꪴ	Su	你
ꪹꪄꪱ	Khao	他
ꪸꪱꪳꪉ ꪭꪉ ꪬꪸꪉ	Rao Dang Hlai	我们
ꪎꪴ ꪭꪉ ꪬꪸꪉ	Su Dang Hlai	你们
ꪹꪄꪱ ꪭꪉ ꪬꪸꪉ	Khao Dang Hlai	他们
ꪶꪄꪉ ꪸꪱꪳꪉ	Khoang Rao	我的
ꪶꪄꪉ ꪎꪴ	Khoang Su	你的
ꪶꪄꪉ ꪹꪄꪱ	Khoang Khao	他的

197

（切指代名词）

◌	Pien		是
◌	Mi		有

（疑问代名词）

◌	Phai	谁

动　词

（傣文）	（罗马字注音）	（汉译）	（傣文）	（罗马字注音）	（汉译）
	Bin；Pin	飞		Nang	坐
	Hok	跃		Ru Yu	立
	Roang	鸣		Noan	卧
	Hao	吠		Au	拿；要
	Kin	吃		Diu	走
	Wa	说		Hai	哭

形容词

	Sung	高		Hyai	大
	Tiem	矮		Hlong	大
	Bi	肥		Nuai	小
	Hyoam	瘦		Ghairai	若干
	Ngam	美		Riang	强
	Bahnam	丑		Uen	弱

渌文	罗马字	汉译	渌文	罗马字	汉译
	Kam	黑		Hwan	甘
	Khao	白		Khom	苦
	Diang 转 Liang	红		Hleng	黄

副 词

（渌文）	（罗马字注音）	（汉译）
	Ca；Cha	将
	Go（语音）；Ga	就
	Ba	不；勿
	Yang	还
	Gan wa	如果
	Khak	每每；常常
	Mian wa	毕竟
	Diu 转 Liu	仅；唯独
	Riprip	速即
	Jaidie	必然

前置词

	Luk	从

接续词

	Lie	及；与；而
	Kap	和；与
	Chen	但；又

199

叹　词

ꩬꩬ	Ayou	啊唷
ꩬꩬ	Haha	哈哈

数　字

（渺文）	（罗马字注音）	（汉译）	（渺文）	（罗马字注音）	（汉译）
ꩬꩬ	Sippied	十八	ꩬ	Neng	一
ꩬꩬ	Sipklao	十九	ꩬ	Soang	二
ꩬꩬ	Sao ; Jhao	二十	ꩬ	Sam	三
ꩬꩬ	Samsip	三十	ꩬ	Si	四
ꩬꩬ	Sisip	四十	ꩬ	Ha	五
ꩬꩬ	Hasip	五十	ꩬ	Hok	六
ꩬꩬ	Hoksip	六十	ꩬ	Cied ; Chied	七
ꩬꩬ	Chiedsip	七十	ꩬ	Pied	八
ꩬꩬ	Piedsip	八十	ꩬ	Klao	九
ꩬꩬ	Klaosip	九十	ꩬ	Sip	十
ꩬ	Ruai ; Huai	百	ꩬꩬ	Sip Lied	十一
ꩬ	Ban	千	ꩬꩬ	Sipsoang	十二
ꩬ	Hmen	万	ꩬꩬ	Sipsam	十三
ꩬ	Sian	十万	ꩬꩬ	Sipsi	十四
ꩬ	Hlan	百万	ꩬꩬ	Sipha	十五
ꩬ	Te	千万	ꩬꩬ	Siphok	十六
ꩬ	Kod	亿	ꩬꩬ	Sipchied	十七

数 码

ꩬ, ꩡ ꩦ ꩤ ꩢ ꩣ ꩠ ꩧ ꩥ ꩨꩩꩪ

1　　2　　3　　4　　5　　6　　7　　8　　9　　10

信 札

1. □ □ □ ꩱꩱꩱ ꩱꩱ ꩱꩱꩱ □ □ □ ꩱꩱ

2. ꩱꩱꩱꩱꩱ ꩱꩱ ꩱꩱ ꩱꩱ ꩱ ꩱꩱ ꩱꩱ ꩱꩱꩱ

3. ꩱꩱꩱ ꩱꩱꩱ ꩱꩱ ꩱꩱ ꩱ ꩱꩱ ꩱꩱ ꩱꩱ ꩱꩱ ꩱꩱꩱꩱ

4. ꩱꩱꩱꩱꩱ ꩱꩱꩱ ꩱꩱ ꩱꩱ ꩱꩱ ꩱꩱ ꩱꩱ ꩱꩱꩱ ꩱꩱ

ꩱꩱ ꩱꩱ ꩱꩱ ꩱꩱ ꩱꩱꩱ

5. ꩱꩱꩱ ꩱꩱ ꩱꩱꩱ ꩱ ꩱꩱ ꩱꩱ ꩱꩱ ꩱꩱ ꩱ

6. ꩱꩱ ꩱꩱ ꩱꩱ ꩱꩱ

（汉 译）

1　□□□有书信致于□□□鉴：

2　您有书信来到此，仆已收到明白了。

3　彼此分别以来，仆终日都在挂念着您。

4　您在那儿好吃好住的，仆是十分的欢喜啊！

5　仆在此间，都还好吃好住的。

6　敬希察鉴。

三　书　契

所有居住于十二版纳之各个民族，除汉人用汉文，傜人亦习用汉文；水摆夷用泐文，花腰摆夷及蒲蛮亦习用泐文；汉摆夷用歹妻文[1]而外，其他各族，概无文字。或系其先世有，而今已失传。阿卡、攸罗、倮黑等族，交易买卖，多数用长四五寸、阔三四分之竹片，刻痕记数。一端刻整数，一端刻奇零数；整数痕大，而奇零之数痕小。或一端刻货量，一端刻价格。中剖为二，各执一半。比期则合符清数。此方通称之曰"木刻"。重要纪事，亦利用"木刻"，补助记忆，即古代之书契也。

下面附一倮黑族集团对某土司所下之"木刻"战书照片一帧（照片佚失），以见边地民族所用书契之一斑。战书为一竹片，长约十六公分，阔约二公分，顶端粘羽毛，通常用鸡羽，象征飞速，并涂木炭，木炭或另纸包裹，表示火急，称之曰："鸡毛火炭"。负责传递之人，一见此类"鸡毛火炭"书简，应即不分昼夜，火速飞速，送达指定收受之人。距顶端约三公分之处，刻一粗线条横纹，划分敌我。横纹之上，平刻两小圆圈，代表倮黑方面，被某土司手下之人俘去的要员两名。横纹之下，顺左侧边沿，刻短横纹八道，

---

[1] 十二版纳汉摆夷所用之歹妻文，与耿马、芒市方面所通用者，略有小异。

代表某土司方面，被傈黑截留的骡马八匹。大意谓：
"你们的人，先俘去了我们的人员两名，而我们随后截
获了你们的骡马八匹。你们一接此'木刻'，应该火
速飞速，派员首先将我们的人员，立刻妥送回来，然
后领回你们的骡马，并举行和议，不得延误，否则宣
战。"外并附有红色辣椒一包，表示决不惜一战。

第十一章 教 育

一 寺 塾

　　十二版纳之教育情形，约可分为两部分来叙述：一为摆夷、蒲蛮两族，以佛寺为施教机构之原有之宗教式之渺文教育；一即晚近政府在边创办之各级学校之汉文教育。前者可称之为"寺塾"，后者有小学及师范之别。

　　十二版纳，以佛教为"国教"，凡摆夷及蒲蛮聚居之村镇，均有一座，或一座以上之佛寺，亦即摆夷、蒲蛮两族之学校，唯一作育人才之教育机关。凡年满九岁之儿童，必须入寺剃度为僧，接受宗教式之教育。此类初入佛寺之学童，渺语曰"爬"，吾人称之曰"小和尚"。每日早晚，除跟随大佛爷、二佛爷到佛前拜诵经咒而外，并由寺内负责教授之和尚，如二佛爷之类，教以渺文拼音及文法。俟能阅读，再教以经典戒条及故事史地算术等学科。若干月年之后，再还俗出寺，蓄发娶亲。在寺时期，并无硬性之规定，数月数年，以至终身，由受教者个人之兴趣，以及其家庭之环境如何为断。年未满二十足岁，而离寺还俗者，称为"岩迈"，若吾人称"秀才"。年满二十足岁，犹在寺为僧，继续研读者，尊称为"督"，俗称"佛爷"；还俗后，平民称"勘喃"，贵族则称为"诏摩诃"，如吾人称"学士"。为僧时出家住寺，服黄袈裟，受佛寺住持之管教。除研习泐文，讽诵经咒，实践戒条外，并须为佛寺住持服力役，供洒扫。摆夷、蒲蛮两族，合计十一万五千五百多人，两族在寺受教人数，通常约保持有一万四千人。女子例不许入寺为学，可请人到家教授泐文，或由父兄亲授。好在泐文远较汉文为易学，成人力学半载，可能写读。所以边地识字之人，若仅就泐文而言，可称普遍，一切文告，均非译成泐文，不能使边民通晓。偏僻小村庄，亦不难觅得识字之人。推进边教，若能充分利用泐文，以补汉文学校之不足，当可收事半功倍之效。

二　小　学

十二版纳有汉文学校，当始于民国初元①。《普思沿边志略》载称：民国元年七月，督办柯树勋上治边十二条陈，其第九"学堂"条曰："查各猛习用缅文（即指泐文），不通汉字，文告命令，非译成缅文，不能通晓，大为行政阻碍。现于车里建设学堂一所，收聪颖子弟三四十人，入堂诵习汉字……将来经费充裕，每猛各设一堂。"唯当时所用课本，仅有简易识字一种，类似后来之短期小学，尚不能视为正式之国民学

---

① 倚邦、易武方面，在前清已有汉文私塾。

校。逮分区设治以后，各行政区，始逐渐有近似国民学校之教育机构出现。但师资缺乏，设备简陋。十二版纳居民百分之八十以上为夷族，夷族与汉人之语言文字风尚均不同，信仰亦异趣。摆夷、蒲蛮，以佛教为"国教"，普遍施幼童以佛寺教育，研习泐文。而六七百年来，政府对边区，仅有武功，而乏文教设施之基础。因此种种，夷族对汉文学校，隔膜歧视，自然滋长；并亦不感觉需要。

民国十六年，普洱道尹徐为光，亦尝提倡边教，继以其辖区宣布独立，强迫一部分识汉字习汉语之夷族学生服兵役，为其个人作争夺云南政权之牺牲。夷族一向惧为汉人服兵役，自是遂认为汉人设学，旨在募兵。政府施强迫教育，被强迫之家，无不尽可能雇人顶替，而不愿其子弟入汉文学校受教。夷人通常呼入汉文学校之学生曰"练雷"，意为"小丘八"，夷族青年，甚耻闻"练雷"之名。其后车里宣慰使司，曾费尽移山气力，征调各猛土司子弟一批，送入普洱中学肄业。以言语习惯之歧异，备受汉人子弟及社会之揶揄与奚落，而当局不能加以纠正。夷族青年，咸认入汉文学校读书为苦事，为畏途，所以边教办理多年，尚鲜成效。

我国政治，向重人事。人存政举，边地为甚。十二版纳各县政府，制同包办。不肖县长，每每将全县岁收，如数囊括，一事不办。如民国十八年，任车里县长之余瀛，在任期间，将县教育专款，乾没无遗，不办一校。直至奉命交代，始仓卒设立初小两校，敷衍塞责。其继任县长徐世锜，以同样之经费，先后成立小学十一校，有男女学生三百八十余人，并筹设乡村师范预备班。披诱劝化，无微不至。并保证学生决不致被强迫服兵役，力改夷族畏入汉文学校之风气。惜徐氏他调之后，继任之人，不能萧规曹随。佛海教育，因人民向政府力争得教费独立，在民国二十三四年间，得扩充国民学校及短期小学至十四校，有男女学生一千一百多人。边地教育，人事及制度，均极重要。十二版纳之小学教育，在民国二十年至三十年之十年当中，最称发达。各县有县立小学，又有省立边地小学，全境在学人数，约三千余名。日军南进之翌年五月，缅战失利，我军退保国境，边境被围，民居逃散，边地小学，多数解体。战后民生疾苦，恢复不多。

三 师 范

云南省教育厅，为培养边地师资起见，早有筹设一师范学校于十二版纳适中地点之议。原议设于车里县，而划拨车里江渡税收，为学校经费。此项税收，向由普思沿边行政总局征收，总局土司，各得四成，余二成作水手及征收员丁之工食。总局所得四成，除逐年添造船只，改善过渡效率之外，余充行政经费。改县后，被道尹提用，视同外快。废道后，归第二殖边督办。所以划拨渡捐以充作学校经费之议，卒无法实行。民国二十五年，教育厅乃另拨经费，择定佛海县为设学地点，委任中央大学教育学士宁洱华阴乾氏为校长，至佛海创设云南省立佛海简易师范学校。沿边各县，以及印、缅、暹等国华侨学生，负笈来学者，甚为踊跃。修业期四年，先后办理毕业两班，毕业学生七八十名。日军南进，佛海被围，学校向思茅疏散，旋奉命合并于思茅师范。战后，佛海县自行筹资另办一县立简易师范，开学不久，即遭解散。

十二版纳，地当缅、泰、寮、越之冲，而部族复杂，文化落后。自元以来，隶我版图，垂六七百年，但所受中华文化之影响，非常微末，远不若印度佛教文化予边民影响之深厚。以往政府，对边民教化之忽略，不可否认。十二版纳原有之传统文化，在过去，已略具规模，顾今已凋零破碎不堪，亦正需中华文化之滋润，以提高一般之水准。唯是汉夷语言文字不相通，风尚信仰异其趣，以言施教，不能与内地视同一律。夷族畏入汉文学校之情形，已略如上所举述，然尚非根本之原因。夷族反对并打击其子弟进入汉文学校之真实原因，盖畏其传统文化，遭受破坏。今后办理边教，仍当尊重其固有之文化传统、风尚信仰。其原有之泐文，让其并行不悖，并予整理。假定政府欲教育十万摆夷，攻读汉文至初中毕业程度，使其能领略中华文化，最少须教师四千人，九年之时光。如组织一个研究编译机构，来研习并整理泐文，将国家需要介绍给边民认识之学科，译成泐文，印刷分发，只须五十人从事，力作五年，当可完成初步之工作。逮一般已识泐文之边民，由此类书刊当中，领会中华文化之需要，则彼辈必能起而协助政府，促进边教事业，斯后边教之推进，当可收事半功倍之效。而普遍教育，亦须同时并进。

第十二章　杂　俎

一　译　名

　　泐文村寨曰"ᦎ"，读若ㄅㄢ，语音作ㄇㄢ，汉译作"蛮"；州县郡国曰"ᦵ"，读若ㄇㄥ，汉译作"猛"，盖译音也。即易"蛮"作"曼"，或"漫"；易"猛"作"孟"或"蒙"，皆无不可。且亦不乏其例：如镇越县之"蛮乃"及"蛮撒"，通常译作"漫乃"及"漫撒"；澜沧县之"猛琏"，通常译作"孟琏"或"孟连"；而"蒙自"，亦即"猛自"之异译。乃古今学者不察，每喜以字面之意义为衡度，作解释。不曰"南方曰蛮"，则曰"蛮从虫，不以人类视之"；"猛，猛勇也，夷人颛蒙且不顺，故曰蛮曰猛也"[①]。若然，则凡异国译名，如日耳曼、匈牙利、葡萄牙之类，释以我国字面意义，直堪绝倒耳！曾见有到边地未满旬日，即呈政府报告称：彼至边地，见边民对地图上有"蛮""猛"字样，甚表不满！因之，政府有令改译，以避免刺激边民。各边县政府，遂有易"猛"作"勐"者。著者居边地数十年，从未闻边民对"蛮""猛"两译名表示异议。说文："蜀，葵中蚕也。""闽，东南越蛇种"

———————
① 见《滇绎》。

也。数千年来，未曾闻四川、福建两省同胞，提出反对，要求更易。且竟自称为“蜀人”，为“闽人”。如必欲更易“蛮”“猛”两字，另予新制，亦当参据六书法则，以免不伦不类。兹拟以“邦”，代泐文村寨之读音字；以“鄳”“鄚”，代村寨之语音字，或择用其一。而以“郦”代泐文州县郡国之旧译“猛”字，或即沿用“孟”字，或“蒙”字。“勐”字从力，以代“猛”字猛勇一义之用则可，但不恰于泐文“ᨾᩨ᩠ᨦ”字之含义也。

摆夷为西南主要民族之一，同时亦为构成中华民族之一分子。血液交流，历史悠久。因之摆夷语汇中，自不免混有若干汉语；而汉语汇中，遂亦难免未有摆夷语汇，混杂其间，进而影响汉字之增制及假借。如赕佛之“赕”字，在汉文中，为极其罕用之字，而在摆夷文中，则为常用字。其训为布施，引申为以财帛布施佛寺僧众，祈求福祉，及以财帛贡献其酋长头目免罪等，均可称之曰“赕”。玉篇：“赕，蛮夷以财赎罪也。”音义俱切。“赕”字不见于说文，此可断为彼时汉人，因吸收摆夷族“Dan”一语汇，无适当之汉字可资假借，因而增制者。至于完全汉化之译语，则更勿论矣。又如坝子之“坝”字，较早典籍，原仅堤坝之一义。摆夷以平原、旷野及盆地为“坝”，今川、黔、滇一带，已普遍称原野为“坝”，称盆地为“坝”矣。如川之珊瑚坝，黔之黄草坝，其著者也。至于滇省原野盆地之以“坝”名者，不可以数计。此当为西

南汉人，因吸收摆夷族"Ba"一语汇，即假借堤坝之
"坝"字，以为原野、盆地之应用矣。摆夷文中，其
音义有与汉文暗合者，随在皆有发见。如"𑀓"；其
音为 Sung，其训为"高"；如"𑀓"，其音为 Mla，其
训为"马"；如"𑀓"，其音为 Roan，其训为"小山
丘"；如"𑀓"，其音为 Ai，其训为"隘"。此四字，与
汉文之"嵩"、"马""峦""隘"四字之音义，皆甚切
合。又其训为城镇、为首府、为都会之"𑀓"，旧译作
"耿"或"整"，近译作"景"，旅泰侨胞译作"清"或
"昌"，似亦与"郡"字有关。汉源于夷语耶？夷源于
汉语耶？此皆值得注意者。对于有关边裔土族之译名，
著者认为应该尽量选择音义兼切之汉字，以供有心研
究边疆语文源流者之参证，藉收互相发明之效。二十
余年前，著者写《车里》一书时，即译其训布施之
"Dan"作"赕"，而不作"胆"[①]；译其训为高之"Sung"
作"崧"，而不作"送"或"宋"[②]，即此意也。

又关于山川村寨之译名，亦不得不略为一说，渺
语谓山曰：Ghoang；曰：Bu；岩及有石之山曰：Pha；
山坡或陡峻之山曰：Luai；河川曰：Nam；曰：Mie；
巨流曰：Mienam；村寨曰：Man。Ghoang 及 Bu，可假
借"广"及"埔"两字，疑广东、广西之"广"字，
与摆夷语亦有关。Pha 及 Luai 两字，应用较多，且渺

①《普思沿边志略》及《普洱府志》均作"胆佛"。

② 车里与佛海之间，有一高盆地曰：Meengsung，义为"高地方"，或
"高县"，旧译作"猛送"或"猛宋"，特根据原文含义，改译作"猛
崧"，亦可写作"猛嵩"。

文严声调之辨，无适当之字可供假借，爰为另制"㟜"
及"嶩"两字。"㟜"从山，从石，巴声，读为夕丫；
"嶩"从山，雷声，渤文语音读为ㄌㄨㄞ，均阴平声。
Nam、Mie 及 Man，通常借用"南""湄"及"蛮"等字。
吾人译写其山川村寨名称时，大都于音译其原名之后，
再加上一"山"字、"河"字及"寨"字，如"广礮"
曰广礮山；"埔贺"曰埔贺山；"㟜瓦"曰㟜瓦山；"嶩仉"
曰嶩仉山；"南钪"曰南钪河；"湄公"曰湄公河；"湄
南昭丕耶"曰湄南河；"蛮襖"曰蛮襖寨等。严格说来，
此种译法，并不切当，尤其"湄南昭丕耶"，只译了一
个河字（湄南），再加上一个河字，变成"河河"，不
通之至。如仅为吾人之便利，莫如意译，如译"广礮"
为松山；译"嶩仉"为象山；译"南钪"为金河；译
"蛮襖"为木瓜寨之类。但如举"松山""象山""金河"
及"木瓜寨"一类之名称，以询其所于当地之土人，
其将必瞠目无以为指对也。亦有主张译"广礮"为礮
山；"嶩仉"为仉山；"南钪"为钪河；"蛮襖"为襖寨
者，其不便与前同。比较起来，在音译其原名之后，
再加一"山"字、"河"字及"寨"字之通俗译法，虽
似不经，但为普遍所采用，且便复按，纵历若干岁月，
治史地学者，不难由其译名，而考知其名称之所由来。
因此，吾人对于渤人山川村寨名称之译写，仍采通俗
译法，兼制新字。至于"犇""夲"及"粏"等字，则
采自译语。

二　铜　鼓

鼓为铜制，为车里宣慰使家传国宝器之一，历代相传已久，年代及所由来已不可考。鼓色斑绿。面有四个蟾蜍，已坏其一，据主人言：采用以盘绳者，悬而击之，可声闻数里云。鼓腰细而无底，面径五十六公分，高三十八公分，腰径较面径为小。现犹保存于车里宣慰使家，群呼之为孔明鼓云。然花纹作风，则不似汉家物也。

三　权　度

十二版纳，自公元一二九三年，元置为徹里路军民总管府以来，已六百数十年，然历来皆让其自治，故至今犹保存其故有之文化传统、政治形态、社会组织、礼法制度，有其完整之一套。其度量衡似抄袭自佛经，而加以地方化者，不同于内地。兹分别为说，并奠表于后：

长度分尺制里制两种：尺制以呰（通作索）为单位，里制为瓦以单位。两晌为一呰，四呰为一瓦，六百瓦为一秸委，六千瓦为一约札纳（Yojana，佛经译作由旬）。又一制以七呰为大，二十大为一乌达靶，八十乌达靶为一秸委，四秸委为一约札纳。一呰等零点四五七一九公尺，合英度十八吋；一瓦等一点八二七六

214

公尺，合英度六尺，通用英尺折算。于无长度计之地，则以大指与中指作直线张开，其两指尖端距离之长为一响，吾人呼为一扎；屈肘至中指尖端之距离为一咘，吾人呼为一肘；两手左右张开，两中指尖端之距为一瓦，吾人呼为一挈（夂罗）。按佛经由旬有三制：一为八十里；一为六十里；一为四十里。第二式一约札纳之长，折合四十点九八四三八〇八市里，约等于由旬之第三制。

容量以板为单位，板之上为闷，板之下为槐。十槐为板，十板为闷，皆以十进。一板约等于一公升六。量器普通制以竹筒，故又谓一板曰一筒。

衡制以板为单位，板之下曰槐、曰冤，板之上曰闷、曰先、曰阑、曰德。十冤为一板，十槐为一板，十板为一闷，十闷为一先，十先为一阑，十阑为一德，皆以十进。一槐又称曰一柱，等于中衡库平制三两三钱，一板等于库平三十三两（合一千二百三十点九三三公分）。槐之下又有咐、有帖、有份、有些之另一制。一槐等于三又十分之三咐，咐即库平之一两，帖为一钱，份为一分，些为一厘。此则完全受中衡之影响也。亦兼采用缅制，以碿（通作砝）为单位，即一缅斤，合库平四十四两。碿之下曰硫、曰砷、曰破，皆替以十析。

长度表

（1）

尺制			瓦	砦	响
里制	约札纳	秸委	瓦		
1	=10	=4000	=24000	=48000	
	1	= 600	= 2400	= 4800	
		1	= 4	= 8	
			1	= 2	

（2）

约札纳	秸委	乌达靶	大	砦
1	=4	=320	=6400	=44800
	1	= 80	=1600	=11200
		= 1	= 20	= 140
			1	= 7

容量表

闷	板	槐
1	=10	=100
	1	= 10

衡制表

（1）

德	阑	先	闷	板	槐	瓦
1	=10	=100	=1000	=10000	=100000	=1000000
	1	= 10	= 100	= 1000	= 10000	= 100000

1	= 10	= 100	= 1000	= 10000
	1	= 10	= 100	= 1000
		1	= 10	= 100
			1	= 10

（2）

槐…………吓…………帖…………份…………些

槐	吓	帖	份	些
1	$=3\frac{3}{10}$	=33	=330	=3300
	1	=10	=100	=1000
		1	=100	= 100
			1	= 10

217